Deep

Communication

深度溝通力

劉仕祥
著

自序

二〇一六年，我出版了人生第一本書《在最能吃苦的年紀，遇見拼命努力的自己》，這是一本關於人生規劃的書籍。第一本書出版後，受到了眾多讀者的好評。在寫完第一本書的時候，我就想好了自己第二本書的主題——職場溝通，即溝通在職場中的運用。

為什麼會選擇這個主題呢？

我曾經深受職場溝通能力弱的困擾。因為溝通不好，我不敢在大家面前展現自我；因為溝通不好，我無法獲得別人的認可；因為溝通不好，職場人際關係受阻。

為此，我花了很長時間去練習職場溝通技巧，我的工作、生活也因此而改觀，我得到了因溝通能力提高而帶來的好處：找到好工作，獲得晉升，收獲了更高品質的人脈。

職場溝通從零到N，這是一種人生的質變，N就是無限可能。當你花時間去努力提升職場溝通能力時，你會發現自己的人生從此有了無限可能。

畢業之後，我一直從事人力資源管理工作。也許是因為職業的原因，我接觸過形形色色的人，這些人中有兩種人讓我印象深刻：第一種是那些懷才不遇的人，他們專業能力很好，卻因為嘴笨，無法將自己的能力透過溝通展現出來而失去了機會；第二種是那些事業發展一帆風順的人，他們能夠透過好口才，在複雜的人際關係中遊刃有餘，從而讓自己的事業步入發展的快車道。

近幾年，我開始從事生涯規劃諮詢、演講溝通培訓等工作，幫很多人做職業規劃，但是我知道，如果一個人的溝通不行，那他的職業規劃做得再好也是沒有用的。在工作的各種場合，我們無時無刻不在溝通。也許我們會學習很多專業知識、技能，但溝通卻是每個人最基礎也最容易被忽略的技能，然而一旦學會了溝通，你將終身受益。

市面上有很多關於職場溝通的書籍，我也閱讀過很多，但大部分書只是羅列了成千上萬關於溝通的建議和技巧，鮮有書籍能夠提供可練習的工具、模型等，從而真正幫助讀者提升溝通能力。所以，我決定寫一本這樣的書，書裡大部分的內容，你在其他同類型的書裡是完全看不到的。

我從二〇〇七年開始接觸關於口才與溝通的專業培訓，至今已有十年的時間，期間，我自創了很多致力於提高溝通效率的模型和技巧。在這本書裡，我披露了大部分的研究成果。

這是一本什麼樣的書呢？

這不僅僅是一本講溝通的書，雖然是圍繞「職場溝通」的主題展開，但更多的是教會大家洞察溝通技巧背後隱藏的人性，用你的人格魅力去影響別人，從而實現事業快速發展的目的。

在這本書裡，我首次披露了關於如何快速提高表達能力、傾聽能力的各種模型，如何跟各種性格類型的人溝通的「三支柱模型」，如何讓你的發言直擊人心的人性溝通「四維模型」。這些溝通模型和技巧，都有相應的應用場景，可以讓你學了就會，會了就用，用了就靈。

本書共九章：

第一章是關於一些溝通原則的闡述。

第二章是關於表達能力提升的技巧。如果你覺得自己不會講話、沒有吸引力，不知道怎麼講，那這一章對你將會有很大的幫助。

第三章是關於傾聽能力提升的技巧。很多人會講，卻不會聽，這讓溝通變得無效。如果你想學習傾聽的技巧，千萬不要錯過這一章。

第四章是關於面試溝通的內容。如果你正面臨找工作，那這章不容錯過。這一章收錄了我二〇一六年被廣傳的文章〈如何寫出讓ＨＲ一看就約你面試的履歷〉，相信可以讓你快速提升面試能力。

第五章是關於如何跟不同性格類型的上司溝通。上司是你職場的領路人，該怎麼和他們打交道，才能讓他們認可我們呢？

第六章是關於如何跟不同性格類型的同事溝通。每個工作日，我們都要跟同事打交道，稍有不慎，就有可能得罪他們，導致影響工作的進度。我們該如何跟同事有效溝通呢？

第七章是關於如何跟不同性格類型的下屬溝通。一個得力的下屬，往往能讓你省心不少，如何激發他們的潛能、積極性，是你作為上司首先要考慮的問題。

第八章是探討人性對溝通的影響。在這一章，我首次披露了基於人性的六大溝通模型，讓你講話時能夠直擊人心，獲得你想要的結果。

第九章是關於提升溝通能力你必須要解決的問題。

為了寫好這本書，我收集了大量的職場溝通案例，希望透過這些發生在我們身邊最真實的溝通案例，能夠讓你在閱讀中真正感同身受。

總之，這是一本幫助你了解自己、警醒自己、提升溝通品質、學會做人的書籍，它能夠為你的事業發展注入一股強大的推動力量。

一粒種子長成枝繁葉茂的大樹，其實最艱難的時刻是它破土而出的一剎那。在破土而出之前，它需要在暗無天日的土地裡吸收足夠的養分，才足以衝破土層，見到陽光。一旦它衝破土層，就會迅速長成參天大樹。人的成長也一樣，在很長一段時間裡，你都只能默默地提升自己，遭受別人的冷落，但當你的能力足夠強大的時候，你就會衝破限制，成長為想要的自己。

美國作曲家巴伯說過：「當我面對一群人，或是大眾傳播媒體談話時，我總是假想自己是和一個人進行推心置腹的談話。」希望在接下來的時間裡，你能把這本書當成你溝通的對象，好好與它進行一場推心置腹的對話，把你過往的想法、經歷，注入到這本書中，來一場屬於你的成長之旅！

職場溝通從零到N，需要你的一點努力和堅持，既然拿起了這本書，那就給自己一個承諾：用一個月的時間，好好研讀這本書的溝通技巧和工具，並做好筆記，讓它真正融入你的工作中。

一個月後，期待你的驚喜改變！

目錄

Chapter 1

溝通不好，一切白費

Chapter 2

不善表達，一切白搭

Chapter 3 說而不聽，浪費時間

Chapter 4 練好面試溝通，找到理想工作

Chapter 5

跟上司如何溝通才有效

Chapter 6

跟同事如何溝通才順暢

Chapter 7

跟下屬如何溝通才有效

Chapter 8

懂人性，才能煉成溝通高手

Chapter 9

你不是沒有溝通的天賦，你只是沒有行動力

Chapter 1

溝通不好，一切白費

要點提煉：

① 一個人能夠站起來當眾講話，是他走向成功的第一步！溝通能力的高低在很大程度上決定了你個人發展的好壞。

② 所謂會做人，就是說話、做事能夠讓別人感到舒服。要讓別人感到舒服，就要做到會溝通。

③ 我們需要了解對方的性格，找到和對方性格相稱的溝通方式，這樣才能取得良好的溝通效果。

溝通工具：

① 4P 性格系統——力量型、社交型、和平型、完美型。

② 4P 性格辨別方法——性格測試、外在行為特徵。

別讓不會溝通害了你

每到美國大選年，美國的總統候選人都會大肆宣傳自己的執政理念。久而久之，美國總統競選已經有了標準的模式，而電視辯論和演講也成了其中不可缺少的一個環節。公開演講是美國總統必備的能力之一，華盛頓、林肯、羅斯福、柯林頓、小布希、歐巴馬等，無一不是公開演講的高手。

人與人之間最基本的需求是連結，連結就需要溝通。我們先來了解什麼是溝通：溝通是人與人之間、人與群體之間，思想與感情的傳遞和回饋的過程，以求達成想法的一致和情感的共鳴。溝通包含三個行為，分別是表達、提問和傾聽。在這本書裡，我把表達和提問合二為一，將這兩項能力統稱為表達能力。

溝通分為兩種：一種是一對一的溝通，一種是一對多的溝通。一對一的溝通，很多時候都是在私底下進行，如兩個人私底下聊天，一對一面試等；一對多的溝通，在職場中經常遇到，如一對多面試、培訓、演講等。對於很多人來說，一對一溝通並沒有什麼問題，他們在私底下都能夠侃侃而談，但是一旦面對公眾進行溝通，那肯定是緊張得直打哆嗦，雙眼不敢看對方，說話語無倫次。顯然，場景不一樣，對溝通能力的要求就不一樣。

每一種場合，我們只有去表達，別人才會知道我們的想法，也才有可能實現我們的目的：要讓別人按照我們的想法去做事，就要學會怎麼去說服；要把產品賣出去，就要學會與客戶溝通；要得到晉升，就要學會把自己的優勢闡述出來；要在面試中脫穎而出，就要學會面試的溝通。

然而很多人因為不敢開口講話、講得不好、講得不出色，失去了人生太多的機會，工作、升遷、愛情……均與其失之交臂。

曾經有個朋友，跟我分享了他在大學時的一個故事。他是一個非常內向的人，私底下與別人溝通都有困難，更別提站在眾人面前大聲說話。

剛進大學的第一個月，大家準備開始票選班級幹部。公開發表政見時，很多同學都非常踴躍地上臺發表。他本來是不打算參加的，可是班上同學可能都想表現一下自己，全班四十人，竟然差不多都上去過了。爲了不在大家面前丟臉，他硬著頭皮上去了。可想而知，一直以來都很害怕公開演講的他，在沒有任何準備的情況下上臺，是什麼樣的情形：他站在臺上滿臉通紅，兩眼低垂不敢看大家，站了兩分鐘後，臺下開始傳來同學的嘲笑聲。他擠出了七個字：「大家投我一票吧。」然後一溜煙下去了。

結果可想而知，他一票未得。本來不想丟臉而上去，結果卻因此更加丟臉。不會公開演講，讓他失去了一個在大家面前表現的機會。

當你當眾演講時，是否會有這些感覺？

腦袋一片空白，不敢正視前方，額頭冒汗，臉頰通紅，雙腿發抖，身體僵硬，雙手不知道該往哪裡放，講話詞不達意，聲音單薄，思維混亂，甚至無話可說。

成功都是顯眼的，沒有人的成功是躲在背後的，所以你必須學會站在更多人面前去影響別人，只有影響別人，才能獲得你想要的結果。

卡內基說過，一個人能夠站起來當眾講話，是他走向成功的第一步！每一個在社會中取得成功的人，一定是個有影響力的人，因為只有有影響力，別人才會跟他一起做事，他才能讓別人為自己所用，而會溝通的人一定是有影響力的人！

如果你是一個沒錢、沒名、沒經驗、沒技術的人，那麼會溝通就是你這輩子最大的財富，職場上尤其如此！

在我的培訓生涯中，曾經有一個做招商的朋友分享了他的故事。他是個很恐懼當眾講話的人，可是工作中經常會遇到要在大家面前講話的時候。每次遇到這種場景，他就非常痛苦。爲了克服這種恐懼，他開始參加口才培訓，並有意識地參與各種演講。經過一年的鍛鍊，他終於能夠在眾人面前自如地講話。

有一天，公司舉辦了一個大型招商會，在招商會快要開始的時候，初定的主持人卻突然告假，正當上司還在考慮該由誰來頂替的時候，他自告奮勇，願意上臺主持。就在大家紛紛擔心他會不會搞砸的時候，他卻將招商會主持得井井有條，最後大獲成功。

三個月後，他晉升爲公司最年輕的招商經理。曾經對當眾講話感到恐懼，如今卻獲得了事業上的成功，這正是溝通能力提升帶給他的巨大改變。

對於很多人來說，當眾講話是很難走出的第一步，這也在很大程度上導致他們無法在事業上獲得飛速提升。要知道，在這個世界上，沒有哪個成功的企業上司是不會當眾講話的。

在企業內部的晉升中，強大的溝通能力成了管理職位的必備要求，但令人遺憾的是，有太多的技術人才因為不善溝通和表達而永遠失去晉升的機會。

亞洲人普遍內斂，很多人都信奉「沉默是金」，但隨著社會的日益開放，沉默已經越來越不適應這個時代的發展要求，放開自己，去擁抱這個社會，用聲音釋放自己的能量，已經成為這個時代的發展趨勢。

如果你想獲得更大的成功，就要敢於在眾人面前表達自己的想法，並且讓自己在說話這方面比別人都更強。

也許很多人會說，自己本來就是嘴很笨的人，不可能學好說話。但是，世上並沒有天生口才好的人，口才是一種能力，能力都是訓練出來的！

英國戲劇大師蕭伯納的口才是有口皆碑的，但他年輕時其實是膽小木訥的，拜訪朋友都不敢敲門，常常「在門口徘徊二十多分鐘」。後來，他鼓起勇氣參加了「辯論學會」，不放過一切機會和對手爭辯。他練膽量、練習語言、練習機智，千錘百煉，最終成爲演講大師。他的演說、他的妙對，傳誦至今。有人問他怎麼練習口才的，他這樣說：「我是以自己學溜冰的辦法來做的——我固執地、一味地讓自己出醜，直到我習以爲常。」

NLP（Neuro-Linguistic Programming，神經語言程式學）假設之一是：如果一個人能夠學會一樣東西，那任何人都能夠學會這樣東西。就算你說話的天賦再普通，只要你肯下苦功，你也可以把說話練好。

如果你剛畢業，如果你在商場中無資金、無技術、無人脈、無經驗，如果你在職場中無專業技能、無豐富的工作經驗，如果你在追求異性的過程中，無房子、無車子，那麼，良好的溝通就是你必須掌握的一把利劍！

別讓不會溝通害了你！在職業生涯中，溝通是一種極其重要的能力，希望大家能夠好好用時間去打磨這種能力，當你擁有它的時候，就會所向披靡！

會溝通，職場才有無限可能

從古至今，溝通能力的高低都在很大程度上決定了個人地位的高低。回溯人類歷史，女性曾有過一個輝煌自由的時代，也就是母系社會，當時女性的地位是至高無上的。

很多人曾經對母系社會存在的原因進行過探討。大部分人認為，在原始社會中，低下的社會生產力使得主要由男性從事的漁獵業，難以滿足人們最低限度、穩定的物質生活需要，而主要由女性從事的採集業較為穩定，這種經濟上的優勢，再加上分娩、哺育也是女性負責，而繁衍人口又關係到民族和部落的存亡，這些因素都確立了女性的崇高地位。

也有一些人認為，母系社會能夠存在的根本原因並不是因為女性承擔採集任務、分娩、哺育後代，而是因為女性在決策、管理公共事務中具有比男性更卓越的才能。在人類社會早期，生存條件十分惡劣，由於男女生理結構的巨大差異，男性身強體壯，而女性偏弱，所以繁重的體力勞動都交給男性，而較為輕鬆的勞動，如做飯、紡織等則交出女性來完成。這就是男女最原始的社會分工。男性在狩獵、搬東西的時候，往往是單打獨鬥，很少與夥伴溝通交流，抓到獵物後一個人就扛回家了。由於勞動了一天，男人回到家把獵物放下就休息了。而女性由於長時間待在家裡，經常跟身邊的婦女一起討論怎麼做飯、討論哪些獵物好吃、哪裡的獵物比較多等等。她們會把這些討論的成果分享給男性，告訴男性應該捕獵哪些獵物、怎麼提高捕獵的成功率等。男性為了讓捕獵更高效，捕到更多的獵物，他們往往會聽從女性的建議。女性透過不斷的溝通協調，提升了男性的積極性和主動性，從而讓家族和整個人類能夠不斷地繁衍下來。

我個人覺得第二種觀點更為合理，是母系社會存在的重要理由。在原始社會，溝通就已經顯現了它的重要性。女性透過溝通獲得了至高無上的社會地位，而男性由於不善言語，只懂辛苦勞動，最後只能接受女性的領導。即使在現代社會，女性溝通的能力也比男性強。正是因為這些因素，才使女性能夠撐起半邊天。

在現代，越來越多女性走上了自立自強之路。格力電器「鐵娘子」董明珠就是一個溝通能力很強的人，她的溝通風格是：「批評再批評」。

格力電器在過去，朱江洪、董明珠二人有分工，一個抓技術，一個抓銷售。朱江洪退休後，曾有人擔心格力的技術創新能力會打折扣，但格力的技術人員很快就發現，董明珠對技術的重視程度和判斷力一點都不打折扣。在格力某次年會結束後聚餐的時候，雖然有外人在場，她還是在飯桌上毫不留情地責問一位技術主管，說他負責的專案太慢了，「都過兩個月了還沒出來。」第二天，這位主管承認自己被董明珠嚇得「整個晚上沒睡好」。董明珠聽到後哈哈大笑說：「我就是要不斷地幫助他們成長。」董明珠這種獨特的溝通方式幫助格力電器成爲了世界前五百強的企業。

無論是遠古時代還是現代社會，溝通能力的高低在很大程度上決定了你個人發展的好壞。

現在是溝通型社會，每做一件事情，每完成一個目標，都少不了溝通。作為求職者，你需要與面試官溝通，溝通順暢了，你才能有好offer，甚至談到高薪資；

作為上級，你需要與下屬溝通，溝通順暢了，下屬工作才有效率，部門目標才能更好地達成；

作為下屬，你需要與上級溝通，溝通順暢了，才能讓上司覺得你可靠，你才能有更好的事業發展；

作為同事，你需要做好部門內和跨部門溝通，溝通順暢了，才能讓各部門的同事盡量幫助你，你的工作也才能推進得更加順利。

我二〇〇七年開始接觸溝通培訓，在這個過程中，遇到了很多深受「不會溝通」困擾的人，他們大多有著以下特徵：

因為不會溝通，所以無論面試多少企業，也始終無法找到自己喜歡的工作；

因為不會溝通，所以即使工作非常勤奮，也始終無法得到上司的認可，而只能屈居底層；

因為不會溝通，所以在拜訪客戶的過程中得罪了客戶，導致到手的銷售訂單飛走了。

會溝通，儼然已成為事業發展的一個加速器。

會溝通，職場才有無限可能！

所謂會做人，就是會溝通

有一個朋友小藍告訴我，上週他去見了女朋友的父母談結婚，本來以爲沒有什麼問題，結果女朋友的父母反對他們在一起，原因是覺得他不會做人。

小藍和女朋友是大學同學，他們在一起已經六年了。女朋友是湖南人，而小藍來自於甘肅的一個山區，自小家裡比較窮，讀的學校也不大好，加上現在被女朋友家長說不會做人，這讓兩人的感情蒙上了陰影。

我問他是否可以跟我說一下具體的情況？

他回想了一下，說那天到女朋友家之後，跟她父母聊了一下。她媽媽說：「剛開始我是反對你們在一起的，因爲我不希望我的女兒嫁到外地去，以後發生事情都沒有照應。後來朋友都勸我說，只要你們感情好就行，所以我暫時答應你們的交往。」

我朋友說：「阿姨，現在距離已經不是什麼問題了，我有很多朋友的女朋友都是湖南這邊的，他們也過得很好，所以阿姨請放心！」

她媽媽繼續說：「我只有兩個孩子，一個女兒（姐姐），一個兒子（弟弟）。我希望他們兩個人將來能夠相互扶持、相互照顧，不希望他們相隔太遠。」

我朋友說：「阿姨，將來我一定會好好對待小敏（女朋友的名字）的，我會讓她幸福！」

我一聽完小藍說的這兩段對話，就知道問題出在哪裡了。

第一段話，阿姨是擔心女兒嫁得太遠，將來受欺負都沒辦法幫助她，但我的朋友卻說現在遠嫁的人很多，試圖來說服阿姨，但這樣是沒辦法說到重點的，阿姨心裡可能會想：難道這麼多人嫁得遠，我的女兒也就非得嫁得遠嗎？小藍並沒有考慮到阿姨的內心感受。如果他說：「阿姨請放心，雖然隔得遠，但是我們將來可以在湖南定居，也可以在我們工作的城市定居，到時阿姨和叔叔也可以搬過來一起住，這樣我們也可以孝敬你們。」相信結果會不一樣。

第二段話，阿姨其實是希望女兒將來出嫁了，也不要忘了自己的弟弟，大家要相互照顧，但我的朋友卻只說會照顧好自己的女朋友，而沒有說會照顧弟弟。如果他這樣說會更好：「阿姨請放心，將來我也會把弟弟當成我的親弟弟一樣，好好照顧他！」

最後，朋友還提到他去見了女朋友家的伯父、伯母、叔叔、嬸嬸、舅舅等。後來女朋友告訴他，他在見到這些親戚的時候，別人都主動向他問好，他卻不懂得怎麼去跟別人溝通。離開的時候，小藍什麼都不說就走了。

就是這樣一系列的事情，讓小藍的女朋友家人覺得他不會做人。

所謂會做人，就是會溝通。其實在日常生活中，我們經常會遇到這種情況：

當你的小孩見到別人，主動向別人問好的時候，他們會說，這孩子真懂事；當你說話很得體的時候，別人會說，這人真會講話；當你能夠顧及別人的顏面，給足別人面子，懂得讚美別人的時候，別人會說，這人真會做人。

所謂會做人，就是說話、做事能夠讓別人感到舒服。要讓別人感到舒服，就要做到會溝通。

小時候，父母經常教我們：「做人嘴巴要甜一點。」其實就是告訴我們，會做人的人，一般都很會說話。美國鋼鐵大王卡內基以年薪一百萬美金聘請的總經理希瓦布說：「我認為，我最寶貴的能力就是能夠在別人的身上激發熱情，而我所用的本領就是嘴巴甜。」嘴巴甜，就是會做人的表現，會做人，更容易得到別人的認可，也更容易讓自己在人生道路上走得更順。

如何讓別人覺得你會溝通、會做人呢？以下有五個方法介紹給你：

▼▼▼心懷一顆愛別人的心

俗話說：「良言一句三冬暖，惡語傷人六月寒。」華人講究德行，其中講到修德和積德，修德，先修口德；積德，先積口德。口德就是口上積德，少說難聽的話，而要做到這點，就要心懷一顆愛別人的心，多看別人好的一面。只要你心中有愛，那麼不管遇到什麼人，你都能從中看到他美好的一面。當你心懷一顆愛別人的心，你看到的、聽到的、想到的就都是美好的，自然而然從口裡說出來的就是美好的。

投其所好

很多人講話時喜歡讓自己開心就好，但是如果稍微改變一下，講話也能夠讓別人開心，那麼獲得的結果可能就會不一樣。在溝通的過程中，要思考別人想要的是什麼，他們的興趣是什麼，那麼就可以圍繞他們想要的東西、感興趣的東西來溝通。

有一個朋友，有天下午去見一個客户。在去之前，他想破頭到底要跟客户聊什麼話題。到了客户的辦公室時，他發現客户的辦公桌上擺著一副羽毛球拍，他想客户應該喜歡打羽毛球，於是他就跟客户聊起了羽毛球。他從怎麼喜歡上羽毛球，自己對羽毛球運動的理解，聊到了某企業家之間的恩怨，整整聊了一個下午。結果發現正事沒談，但是他已經跟客户成了羽毛球的球友，兩人還相約週末去打一場球。最終，在週末的羽毛球球場上，兩人達成了合作協議。

站在對方的立場

要站在對方的立場來想問題。比如我的朋友小藍去見女朋友的父母，如果他只站在自己的立場上，而沒有想過女朋友父母的意圖，那這樣的溝通就會毫無效果。父母是想讓自己的女兒嫁得好，擔心女兒嫁遠了，將來沒有照應，那麼小藍就應該從這些方面進行溝通，才能打消父母的顧慮。

▼▼▼適時放低自己的身分去溝通

梅蘭芳有一次在演出京劇《殺惜》時，在眾多喝采叫好聲中，他聽到有個老年觀眾說：「不好」。梅蘭芳還來不及卸妝就用專車把這位老人接到家中，恭恭敬敬地對老人說：「說我不好的人，是我的老師。先生說我不好，必有高見，定請賜教，學生決心亡羊補牢。」老人指出：「閻惜姣上樓和下樓的臺步，按梨園規定，應是上七下八，博士爲何八上八下？」梅蘭芳恍然大悟，連聲稱謝。以後梅蘭芳經常請這位老先生觀看他演戲，請他指正，稱他「老師」。

戲品如人品，梅蘭芳能夠取得這麼大的成就，受到這麼多人的尊敬，跟他謙虛做人的態度是有很大關係的。

曾經有一個做銷售的副總，大家都對他的爲人嗤之以鼻，原因是他仗著自己在公司的地位，無論是對同事還是下屬，都喜歡頤指氣使。他在與人溝通的時候，總是習慣用命令的語氣，大家迫於他的職位，表面上對他和和氣氣，背地裡卻陽奉陰違。事實上，由於他是做銷售的，所以很懂得「表達」，但大家不認爲他會「溝通」，因爲做人太失敗。

一個位高權重的人，如果能夠在適當的時候放低自己的身分和別人溝通，他的形象在對方的心裡只會更加高大。

▼▼▼ 多使用禮貌用語

在我讀大學的時候，我和同學創辦了一家屬於自己的公司。有一天，我去尋找客户做市場問卷調查時，遇到一個很好溝通的客户，我一跟他說了我的目的，他馬上答應幫我做問卷調查。在他做問卷的過程中，我跟他攀談起來，我感覺他很喜歡我。一個小時過去後，他做完問卷並遞給我。我接過問卷，準備向他告別。

他見我要走了，臉突然沉了下來，說：「我花了那麼長時間，你該跟我說聲謝謝吧。」我沒想到他會說這句話，畢竟感覺自己好像跟他聊得很盡興。但我馬上意識到他可能很重視這些，於是連忙說：「謝謝、謝謝！」

他擺了擺手，說：「你走吧！」我想繼續跟他道歉，可是他此時卻不想聽了，我只能尷尬地走了。

其實不是自己不懂禮貌，只是當時覺得聊了那麼久，他應該把我當朋友了，朋友之間就沒必要那麼客氣了吧！但事實證明我錯了。後來，這個客戶再也沒有跟我聯繫過。或許在他的心裡，我就是一個不懂禮貌的人。我終於明白，只要別人幫助了你，你都應該說聲「謝謝」，不管是陌生人，還是你的至親朋友。

如果你不會講話，那在跟別人溝通的時候，就做一個有禮貌的人吧，禮多人不怪。在你占用了別人時間的時候，多說「麻煩」；在別人幫助你之後，多說「謝謝」；在跟好朋友道別的時候，多說「保重，祝好」；在跟長輩溝通的時候，多說「注意身體」；在跟晚輩溝通的時候，多說「加油，你一定行」。

也許只是一句簡短的禮貌用語，卻溫暖了別人的內心。

所謂會做人，就是會溝通。會溝通，就是說話讓對方舒服。掌握了以上這些溝通的原則，再去學習溝通的技巧，就能讓溝通能力有更大的提升。

別做低品質溝通者

生活中，總是會有很多低品質的溝通者，他們往往讓對方感覺不舒服，致命的是，他們竟對此全然不知。你是否也是其中一分子？

總說負能量的話

我曾經參加過一個職業發展討論會。在那次會議上，我作爲主講嘉賓發表了題爲〈如何讓你的事業發展出現更多的可能性〉的主題演講。在這次演講中，我談到了一個觀點：要讓自己遇到職場的貴人。演講結束後，我請與會的人進行了分組討論，題目是：「在你的職業生涯中，你遇到了哪些對你的事業發展影響比較大的人？」討論開始後，大家都很積極。

在其中一個小組中，一個女孩引起了我的注意。不是因爲她長得有多漂亮，也不是因爲她極具個性化的打扮，而是她聲嘶力竭的說話狀態。

我走近她，漸漸聽清楚她在講什麼。原來，她在跟她的組員抱怨她的上一任上司：「這個上司，總是給我很多工作，總喜歡挑毛病，動不動就罵我。我最討厭這個上司了，如果不是她，我現在的事業發展絕對不會變這樣。」由於在進行討論，我沒有阻止她。我觀察了一下這組的成員，大家都覺得很尷尬，但也只能聽她一人在那裡抱怨。

也許我們經常會遇到這樣的人，一有聊天的機會，一遇到可以傾訴的人，他們就總會有各種抱怨，我們稱之為「負能量的複讀機」。這些人總是在關注負能量的東西，對那些積極向上的事情視而不見。總說負能量的話，是低品質溝通者的致命點之一。

沒有人喜歡聽別人無止盡的抱怨。相信你也曾經有過這樣的經歷，當一個朋友某天總在跟你訴說不愉快的事情時，你這一天感覺都開心不起來。說話是有能量的，負能量會影響別人的心情。

我有一個做心理諮商的朋友，每週都會進行諮商輔導，所以他總是會聽到別人一些負能量的東西。他每隔三個月就出外旅遊幾天，讓自己放空，否則他會崩潰。

別讓他人成為你負能量的話筒，否則久而久之，所有的朋友都會遠離你。

▼▼▼愛說大話

愛說大話，試圖靠譁眾取寵來讓自己成為話題的中心，是低品質溝通者的另一個令人討厭的特質。

在一次聚會上，我們每個人都在輕鬆地聊著身邊的事情。其中有個朋友也在滔滔不絕地發表他的觀點，剛開始大家還覺得不錯，慢慢地就感到變調了，因爲現場完全變成了他的「個人表演」。他在大家面前開始訴說他的光輝戰績，說自己的職場能力有多強，搞定了多少客户。最後還說有多少女孩子喜歡他。然而熟悉他的人都知道，他奮鬥了十年，也僅僅是個銷售員而已，而且目前還是單身。

很多人說話不著邊際，聽者表面應付著，他還以為別人喜歡聽，其實人家心裡都明白，只是不想拆穿你而已。別讓別人因為你的譁眾取寵而漸漸遠離你。你說錯話不會失去朋友，但你說話浮誇卻是真的會失去朋友的。

▼▼▼ 喜歡說大家都不關心的話題

還有一種低品質溝通者，就是喜歡說大家都不關心的話題。

也許你曾經有過這樣的經驗：大家圍在一起，正熱烈地說著美國攻打阿富汗的話題，討論著小布希是如何將海珊趕下臺的，你卻來了一句：「昨天我去東區逛街買了一件很好看的衣服。」可以想像，這時候的氣氛該是多麼尷尬。又或者，幾個女孩正討論著《來自星星的你》的那個長腿歐巴，你卻來了一句：「聽說昨天美國又發生槍殺案了，死了幾十人呢！」那些女孩都想翻白眼了。喜歡說大家不關心的話題，就像你買了一雙好鞋，走著走著，卻進了粒沙子一樣難受。

很多人在初入職場的時候，都會犯這種錯誤。大家下班後去聚餐，那些職場老油條正在討論公司裡的八卦，如果你來一句：「我們來談談工作上的事情吧」，大家聊天的興致都被你搞沒了。

在聊天時，如果我們不能成為大家聊天興致的促進者，那就努力不讓自己成為攪局者。如果你不了解大家感興趣的話題，最好的做法就是：點頭，微笑。

喜歡貶低別人

還有一種超級低品質的溝通者，那就是喜歡貶低別人。

生活中總有一種人，每一次你跟他說話，聽他說了一句，你就不想再跟他說第二句，因為他們總在話語中若隱若現地貶低你或其他人。為什麼是「若隱若現」？因為你不知道他們是故意這麼做，還是因EQ不夠而無意冒犯，總之，就是用說話「把朋友說沒了」的那種。

女同事N跟我抱怨，說前天自己在百貨公司花大錢買了一件衣服，覺得自己穿起來很好看。今天穿來上班，在和S同事去吃飯的路上，S對她的這件衣服品頭論足，說這件衣服穿在N身上不大合適。然後她問N同事：「這件衣服在哪裡買的？」N同事心裡很不開心，脫口就說了一句：

「路邊攤，很便宜！」誰知道S同事又說了一句：「我就知道是路邊攤！」空氣瞬間凝固。N同事回來後，決定再也不跟S同事來往。

很多時候，一句話，會讓我們得到一個朋友，但也會讓我們失去一個朋友。別做低品質溝通者，提高說話的品質，才能過上有品質的生活。

了解對方，溝通才有效

小林是公司接待部的員工。有一天，他接到上級的電話，要去機場接一個客户。客户是男性，大家都叫他周總。上司要求接到周總之後，帶他到公司附近著名的旅遊景點玩一下，去哪個旅遊景點則由小林和周總商量決定，晚上再請周總吃飯。

於是，小林遵循上司的指示來到了機場。見到周總後，小林興高采烈地大步向前，想跟周總來一個大大的擁抱，以表示自己的熱情。周總表情有點木然、嚴肅，對小林的熱情似乎有些抗拒，但還是跟小林友好地擁抱了一下。

「周總，現在時間還早，您來一趟也不容易，我們就先去逛逛附近景點吧。」小林禮貌地說。

「也好。」周總說。

「周總，您想去哪裡呢？」小林問。

「我對這裡不熟悉，你來安排吧。」周總似乎興趣不大。

「好，那我們去最近舉辦的主題展覽逛一逛吧。」小林說。

「好的。」周總說。

於是，他們一起去了主題展覽，去了之後發現人山人海，周總一看就面露不悅，僅僅逛了半小時，就說想出去。

緊接著，小林帶周總去吃飯。吃完飯後，小林提議一起去唱歌。剛開始周總不是很願意，說想一個人靜靜，但小林卻以爲周總只是客氣，執意拉着他一起去。

於是，小林叫了一群朋友，和周總一起去KTV唱歌。在整個過程中，周總都是一個人靜靜地坐在角落，聽著別人唱。無論小林怎麼勸，周總都說：你們唱，我聽聽。

見周總沒有唱歌的興致，小林只好和朋友輪流唱到結束。就這樣，本該是主角的周總，卻當了一回配角。

第二天，周總並不是很開心，匆匆和小林公司的負責人見了一面，中午就買機票回去了。最終，小林公司沒有和周總達成合作協議。

後來，小林從周總朋友那裡得知，其實周總是一個性格很內向的人，平時不喜歡應酬，不喜歡熱鬧，只喜歡一個人靜靜，像咖啡廳和有山有水的幽靜山莊，是周總最喜歡去的地方。

看到這裡，就可以了解到，周總是一個性格內向的人，他並不喜歡太嘈雜的環境，而小林卻偏偏用對待外向人的方式來對待周總，結果可想而知。

因此，跟別人溝通時，一味地按照你的想法來行事，有可能會取得相反的效果。我們一開始要做的，不是急切地去做我們想做的事情，而是要做對方想做的事情。這就需要了解對方的性格，找到和對方性格相稱的溝通方式，這樣才能取得良好的溝通效果。

▼▼▼ 性格類型的劃分

性格是人格的重要組成部分，是個體在一定社會條件下表現出來、具有習慣性的行為反應與情感，從而形成相對穩定的人格心理特徵。心理學家按照一定的原則對性格所做的分類，就形成了各種性格類型。現今，性格類型有很多種劃分方法，我總結了一下，大致可以分為三種性格劃分法：

第一種是將人的性格劃分為兩類，就是內向和外向。

內向，是指人的言語、思維和情感常指向內。內向的人常常表現為安靜、離群、內省，喜歡獨處而不喜歡接觸人。

外向，是指人的言語、思維和情感常指向外。外向的人常常表現為好活動、好交往，活潑而開朗，與內向相反。

第二種是將人的性格類型分為四種，這四種性格類型有不同的叫法：有用紅色、黃色、綠色、藍色來代表四種性格類型的，也有用字母代替的，就是DISC，還有一種是用總結性的詞語來代替的，分別是力量型、社交型、和平型、完美型。雖然名稱不一致，但所代表的性格特徵是大同小異的。

第三種是將人的性格類型分為九類，俗稱「九型人格」，分別是：完美型、助人型、成就型、藝術型、思想型、忠誠型、活躍型、領袖型、和平型。美國的Alexander Thomas博士和Stella Chess博士在他們一九七七年出版的《氣質和發展》（Temperament and Development）一書裡提到，可以在出生第二至第三個月的嬰兒身上辨認出九種不同的氣質，分別是：活躍程度、規律性、主動性、適應性、感興趣的範圍、反應的強度、心理的素質、分心程度、專注力範圍及持久性。

史丹佛大學醫學院臨床精神科教授大衛丹尼爾斯則發現這九種不同的氣質剛好和九型人格相配，從而開創九型人格體系。

另外還有將性格分為十六種的，由於太過複雜，在這裡不過多闡述。

本書主要關注第二種性格分類方法，也就是將人的性格分為四類，分別是：

❶ **力量型**（Power）
❷ **社交型**（Popular）
❸ **和平型**（Peace）
❹ **完美型**（Perfect）

這就是俗稱的４Ｐ性格類型。當然，性格分類沒有對錯之分，其他性格分類對我們跟別人溝通也有很大的幫助，而將性格分為四種類型，一方面可以使性格分類更加細化，另一方面也不至於太過複雜。讓性格容易辨識，這樣能讓我們更容易運用到實際的溝通中。

4P性格類型的解析

4P性格由兩個維度組成，分別是：能量傾向性和思維傾向性。

能量傾向性

瑞士著名心理學家榮格認為，按照能量的傾向性，可以將人的情感傾向分為「內向型」和「外向型」。這跟前述第一種性格分類法理論上是一樣的。

思維傾向性

按照思維傾向性，可以將人的思維傾向分為「工作導向型」和「關係導向型」。工作導向型的人喜歡做事情，喜歡以完成工作任務為導向，對人際關係不擅長。關係導向型的人喜歡和不同的人打交道，喜歡透過和人溝通來完成事情，對人際關係擅長。

所有人的性格，都可以按照這兩個維度進行劃分。以能量傾向性作為縱坐標（外向、內向），以思維傾向性作為橫坐標（工作導向、關係導向），就形成了4P性格系統。如左圖：

右上角：外向＋工作導向，是力量型性格。

左上角：外向＋關係導向，是社交型性格。

左下角：內向＋關係導向，是和平型性格。

右下角：內向＋工作導向，是完美型性格。

關於4P性格分類在本書中的運用，在這裡有兩點要澄清：

第一，每個人的性格類型都不會是單一的，而是由兩到三種性格類型組合而成。比如某個人的性格不可能是單一的力量型，也不可能是單一的完美型，有可能是由力量型和完美型組合而成。

第二，每個人都有主導性的性格類型。比如你有可能兼具力量型、社交型的性格特質，但是你的主導性性格類型是力量型。也就是說，在你的身上，力量型性格特質表現得尤為明顯，但是你身上也具有一部分社交型的性格特質。

為了讓你能更快速地掌握每種性格類型特質，

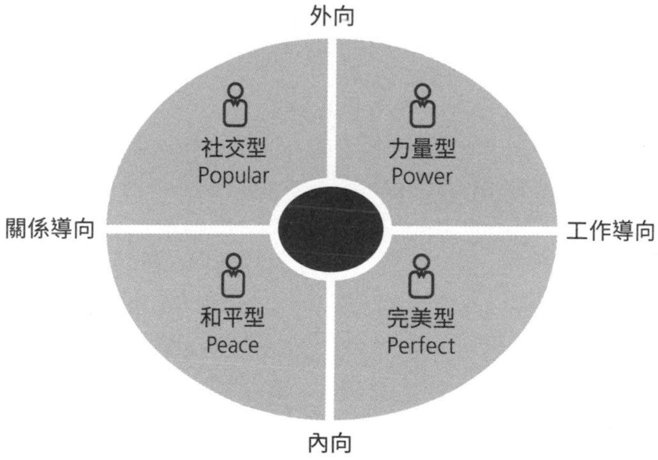

圖1-1 4P性格系統

本書所說的某種性格類型的人，指的都是以這種性格類型為主導的人，其他不是很明顯的性格特質則忽略不計。比如我們說力量型的人，指的就是這個人是以力量型性格特質為主導的，但不否認他也具有其他性格特質。

如何快速辨別自己和別人的性格

透過性格測試來辨別

以下是關於性格類型的測試題，總共十五題，每題共四個敘述，請從四個敘述中選擇最符合你的表現並打「√」，在全部試題完成後進行題數統計。

透過性格測試來辨別

01
- □1. 做一件事情下決心快，行動快，雷厲風行。
- □2. 喜歡做有趣的事情，為人充滿樂趣與幽默感。
- □3. 在任何衝突中都不易受干擾，保持冷靜。
- □4. 做事有節奏，完成一件事後才接受新事。

02
- □1. 行為外露，總給人一種強烈的想贏的欲望。
- □2. 喜歡展現自我，透過自我魅力來讓別人接受自己。
- □3. 關心別人的感覺與需要，易接受他人的觀點，不堅持己見。
- □4. 喜歡控制自己的內心情感，幾乎不向外人展露。

03
- □1. 反應快，思維敏捷。
- □2. 充滿激情、動力與興奮。
- □3. 約束自我情感，心態平和。
- □4. 安靜嚴肅，面無表情。

04
- □1. 對自己的能力很有自信，且經常向別人展示。
- □2. 不喜歡計畫，運用語言、人格魅力，鼓勵推動別人參與。
- □3. 容忍自己和別人的錯誤，冷靜且包容心強。
- □4. 事前喜歡做詳盡計畫，然後按計畫進行。

05
- □1. 做事自信，幾乎不會猶豫。
- □2. 隨性，不喜歡條例規定，不喜歡受約束。
- □3. 容易沒有主見，做事容易猶豫不決。
- □4. 有原則，不易妥協。

06 □1. 天生的領導者，無論在什麼事情上都喜歡主導。
□2. 喜歡到處走走，充滿生機，精力充沛。
□3. 不願意主導，喜歡被領導。
□4. 喜歡一個人獨處。

07 □1. 強勢，讓人覺得不能改變。
□2. 滔滔不絕的發言者，不是好聽眾，不會留意別人也在講話。
□3. 易相處，易讓人接近。
□4. 很少說話，除非工作需要。

08 □1. 不能忍受別人動作慢，效率低。
□2. 喜歡吸引人，喜歡成為焦點。
□3. 穩定，工作節奏慢，說話慢。
□4. 總是避免自己成為注意力的中心。

09 □1. 自我評價高，認為自己是最佳人選。
□2. 容許別人（包括孩子）做他喜歡做的事，為的是討好別人，讓人喜歡。
□3. 性格中庸，無高低情緒，很少表露感情。
□4. 儘管期待好結果，但往往先看到事物的不利之處。

10 □1. 成就動機強，並為此而不斷工作。
□2. 性格開朗，說話聲與笑聲總是能吸引別人注意。
□3. 行動慢，不喜歡行動，安於現狀。
□4. 孤獨離群，感到需要大量時間獨處。

11

□1. 為人坦誠，內心毫不保留，坦率發言。

□2. 為人樂觀開朗，相信任何事都會好轉。

□3. 願意改變，只要別人意見合理，就會接受。

□4. 會保留自己的意見，不輕易向別人表達。

12

□1. 敢於冒險，敢於承擔責任。

□2. 喜歡帶給別人歡樂，令人喜歡，容易相處。

□3. 彬彬有禮，待人得體有耐心。

□4. 做事井然有序，清晰有條理。

13

□1. 獨立能力強，自我支持，自我鼓勵。

□2. 需要旁人認同、讚賞，如同演藝家需要觀眾的掌聲、笑聲。

□3. 避免矛盾，所以從不說也不做引起他人不滿與反感的事。

□4. 喜歡以自己認定的標準來衡量事情。

14

□1. 決心依自己的意願行事，不易被說服。

□2. 喜歡開玩笑，忘情地表達自己的情感、喜好。

□3. 容易被說服，被領導。

□4. 喜歡深刻的談話，不喜歡膚淺的聊天或喜好。

15

□1. 工作狂，努力推動工作，喜歡領導別人。

□2. 喜好吵鬧的環境，出席各種宴會，結交各種朋友。

□3. 喜歡安穩，不喜歡過於忙碌的工作和生活。

□4. 偏安靜，不喜歡嘈雜。

現在，將題目按照得分進行相加，題號對應的性格類型分別是：「1」表示Power，力量型；「2」表示Popular，社交型；「3」表示Peace，和平型；「4」表示Perfect，完美型。請記住，題數相加總數應該等於十五。

你會發現：你幾乎四種性格都有。事實上，幾乎沒有哪個測試者是單一性格。而總數最多的那個性格類型，就是你的主導性格類型。比如，十五題中，你選擇了七個「1」，分數最高，那「1」就是你的主導性格。

透過行為特徵等要素來辨別

每一種性格類型的人都會有不同的行為特徵、外在表現、內在需求、說話方式、愛好等，透過對這些因素的了解，可以快速判斷對方是哪一種性格類型。

透過以上的測試和觀察，也許能有九十%以上的把握去判斷一個人的性格。但需要注意的是，性格沒有好壞之分，了解每個人的性格，只是為了讓我們能夠更容易把握他們的需求，從而更好地與他們溝通。掌握了這些性格類型，對你接下來了解本書後面章節的內容會有很大的幫助。

表1-1 4P性格類型總體特徵

要素＼類型	力量型	社交型	和平型	完美型
特徵	外向，有行動力，傲慢，堅決，有挑戰精神，直率，熱情，精力旺盛，不怕困難，敢於面對	外向，有影響力，善於言辭，樂觀，有趣，靈活，富有想像力，反應迅速，注意力容易轉移	內向，可愛，親切友好，喜歡聆聽，隨和，有耐心，忠誠，善於忍耐，情緒不外露	內向，有條理，善於思考，謹慎，邏輯性強，喜歡批評，孤僻，認真，守規矩，原則性強
外表	眼睛炯炯有神，表情嚴肅，喜歡黑色的服裝	表情豐富，喜歡大笑，喜歡穿鮮豔的衣服，手勢多，肢體語言豐富	眼神呆滯，臉部表情很少有變化，穿著樸素，不喜歡張揚	沒有笑容，焦慮，憂鬱，目光閃爍，穿衣講究，愛乾淨
動作	快而有力	快而誇張	慢而優雅	慢而拘謹
內在需求	成就感	新事物	舒適區	可靠
嗜好	工作	好玩的娛樂活動	沒有特別的嗜好，享受個人的安靜	嗜好不多，喜歡研究
知名代表人物	柴契爾夫人	柯林頓	甘地	愛因斯坦

Chapter 2

不善表達，一切白搭

要點提煉：

① 我們在說話的時候，應注重結構化思維的培養，分層分點去說，讓人聽得明白，用形象化的語言去說，讓人聽得入迷，這就是邏輯思維最具象的表現。

② 好的表達者和差的表達者最大的差別不是誰的內容講得多生動，也不是誰更有激情，滔滔不絕，而是誰更能夠將觀點表達得簡明扼要，並且能讓對方很好地理解。

溝通工具：

① 尋找話題的三種方法——圍繞對方熟悉的事物尋找話題、超級聯想法、金字塔構建法。

② 講故事公式—— 5W1H ＋教訓＋想法。

③ 即興談話「萬能公式」——過去＋現在＋未來。

④ 案例分析工具——闡述現象＋分析原因＋處理方式＋應對方法。

你是一個合格的表達者嗎

口語表達是溝通的第一要素，沒有良好的表達就沒有順暢的溝通。這一章，我們來學習關於口語表達能力的技巧。在開始學習之前，我們有必要了解一下自己的口語表達能力現狀。

請根據你的現狀（不要經過思考，只需要根據你的第一反應），在最符合的答案前打勾。每組只選一個答案，做完所有題目後，計算總分。其中，非常符合7分，比較符合5分，不太確定3分，比較不符合1分，非常不符合0分。

你是一個合格的表達者嗎

1. 我在講話的時候，有很多素材和詞彙可講。

□非常符合 □比較符合 □不太確定
□比較不符合 □非常不符合

2. 我講話簡潔明瞭，重點突出。

□非常符合 □比較符合 □不太確定
□比較不符合 □非常不符合

3. 我善於與和我性格不同的人溝通。

□非常符合 □比較符合 □不太確定
□比較不符合 □非常不符合

4. 我對連續不斷的交談感到很容易。

□非常符合 □比較符合 □不太確定
□比較不符合 □非常不符合

5. 我可以輕鬆地向別人描述一件事情。

□非常符合 □比較符合 □不太確定
□比較不符合 □非常不符合

6. 跨部門溝通對我而言是一件很容易的事情。

□非常符合 □比較符合 □不太確定
□比較不符合 □非常不符合

7. 我喜歡和別人聊天。

□非常符合 □比較符合 □不太確定
□比較不符合 □非常不符合

8. 和重要的人物（例如上司）談話時，我感到很自然、放鬆。

□非常符合 □比較符合 □不太確定

□比較不符合 □非常不符合

9. 我在當眾講話時思維清晰、連貫。

□非常符合 □比較符合 □不太確定

□比較不符合 □非常不符合

10. 每當面對即興談話，我可以隨時取得素材進行談話。

□非常符合 □比較符合 □不太確定

□比較不符合 □非常不符合

11. 我喜歡在大庭廣眾之下講話。

□非常符合 □比較符合 □不太確定

□比較不符合 □非常不符合

12. 我善於跟內向的朋友輕鬆自如地談論自己的情況。

□非常符合 □比較符合 □不太確定

□比較不符合 □非常不符合

13. 我善於說服人，儘管有時我覺得自己毫無道理。

□非常符合 □比較符合 □不太確定

□比較不符合 □非常不符合

14. 我善於讚美別人，覺得讚美別人是一件很開心的事情。

□非常符合 □比較符合 □不太確定

□比較不符合 □非常不符合

15. 講一個完整的故事對我來說很容易。

□非常符合 □比較符合 □不太確定

□比較不符合 □非常不符合

測試結果分析：

0～15分：你的口語表達能力很差，需要針對性地重點提高，除了閱讀本章內容之外，你還需要多花時間去練習書中的公式，假以時日，你的口語表達能力會有很大的提升。

16～45分：你的口語表達能力一般，你需要在表達的某些方面進行提升，本章的內容將會對你有很大的幫助。

46～80分：你的口語表達能力較好，口語表達對你來說不是難事，但如果你繼續閱讀本章的內容，相信會有錦上添花的作用。

81～105分：你的口語表達能力非常好，你已經是講話的高手，如果你不願意花時間在這裡，可以跳到下一章節。

做了這個測試，相信你已經了解了自己口語表達能力的現狀，帶著自己的問題把接下來的內容看完，你的收穫會更大！

要把話說好，首先你的邏輯思維要好

或許大家都聽過馬雲的演講，他在演講的時候，能夠層層推進，只要你聽了第一句，就會被他牽引著聽完他的整個演講。馬雲脫稿演講是很厲害的，為什麼馬雲可以做到這些？很多人會說，馬雲的口才是天生的，其實錯了，沒有人天生會把話說得很好，好口才都是後天鍛鍊出來的。

馬雲能做到講話滴水不漏，是因為他懂得用邏輯講話。其實這個世界上所有的演講高手，都是邏輯高手，這就是邏輯思維的魅力，一個毫無邏輯的演講對別人來說是沒有吸引力的。

在面試的時候，有些求職者講話非常有條理，這樣的人面試成績大多會比較好，當然還有一些講話沒有條理性的，幾乎全部被刷掉。可見條理性對溝通表達的重要作用。

很多人都會想辦法提升自己的口語表達能力，但他們可能會覺得，提升這種能力太難了。其實一點都不難！我曾經也是個表達能力很差的人，也因此遭遇了很多尷尬，這種事情經歷多了，我慢慢就找到了突破口：研究那些講得好的人的說話方式。我發現，他們說話之所以言之有物、言之有理，根本原因就是他們說話都是有結構的。

很多時候，由於我們思維不夠清晰，導致說話沒有條理性，結果就讓別人覺得混亂，所以釐清自己的思路，讓講話內容結構清晰、條理分明，才會大大增強你說話的邏輯性。

除此之外，適時採用形象化的語言會讓聽者產生畫面感，同樣也會顯著提升你的語言魅力。

我曾看過這樣一個故事：

某天一位新官上任，他的上一任和他吃了一頓飯。席間，這位新官了解到他的上一任深受當地老百姓的喜歡和愛戴，便向他探聽祕訣。他的上一任說：「我沒有什麼祕訣，不過我有『三盆水』送給你。」這位新官一聽，馬上豎起耳朵。

「第一盆水，送給你洗洗腦。新上任的官員，要清除思想上的灰塵。當一個人遇到仕途升遷，總會身處充滿奉承話與討好聲的環境中，這時候最需要頭腦清醒，堅持隨時自省，如若一味處在昏昏然、飄飄然中，頭腦就會發熱發脹。在上任之初，多用清水洗洗腦，有利於官員擺正自己的位置，更好地爲民服務。」

「第二盆水，送給你洗洗手。新上任官員，要保持自己手腳乾淨，清正廉潔，乾淨做事。在誘惑面前，加倍愛護自己的雙手，經常進行清洗，保持乾淨，不該伸手的事不做，不該辦的事不辦，不該得到的利不拿，不該去的地方不去。嚴於律己，自覺遵守工作紀律，保持自己的雙手不沾灰塵，做到正直清廉。」

「第三盆水，送給你洗洗腳。新上任官員，要腳踏實地，經常東奔西走，不當懶官。要深入基層，走近群眾聽民聲，把維護和實現群眾利益作爲工作的第一職責，忙碌後多用手洗洗腳可洗去污泥，換得一身輕鬆。」

「這三盆水，就是我的祕訣。我希望可以繼續讓你傳承下去。」

新官一聽，連連點頭。

運用結構化思維和形象化的語言，能讓受眾更容易理解，並且更容易打動對方，使其深受教育和鼓舞。

所以我們在說話的時候，應注重結構化思維的培養，分層分點去說，讓人聽得明白，用形象化的語言去說，讓人聽得入迷，這就是邏輯思維最具象的表現。

如何說話才更有吸引力

小馬是一名政府公務員，目前是一個宣傳部門的負責人。宣傳部門負責人公開說話的場合很多，所以無論是對內的部門會議，還是對外的組織宣傳，他都得親力親爲。然而，令他煩惱的是，他說話總是很平淡，每次開會他都能說很久，但是下面的聽眾卻睡意連連，哈欠連天，讓他很尷尬。其實他也很想讓自己說話更加有吸引力，這樣他說得開心，聽眾聽得也開心。可是，該怎麼讓自己說話更加有吸引力呢？

圍繞這一點，我們來說說如何讓你說話時更加有吸引力。首先需要堅持三個原則。

增強說話吸引力的三個原則

具體化原則

當我們向聽眾描述一樣東西的時候，首先需要把想說的東西具體化，這樣才能吸引別人。我曾經去聽過一個大學教授講課，從一開始到結束，我沒有聽進去一句話，因為他講的都是一些空洞的理論。很多時候，空洞的理論無法讓我們形成聯想，所以會覺得很枯燥。但是我們去聽一個街頭小販講故事，卻可以聽得津津有味。

再比如，當你向聽眾描述你過往的一次旅遊經歷時，你可以這樣說：「那一次，我們去了最漂亮的海岸看海，那裡的海真的跟別處的海不一樣，讓我流連忘返！」你也可以這樣說：「那一次，我們去了台灣最漂亮的海岸看海。海水湛藍，彷彿一眼就可以看到底。那裡的海灘沙子柔軟，踩在上面就像踩在雲朵上一樣。閉上眼睛，感受著海風的涼爽，聽著海浪拍打海岸的聲音，讓我徹底放鬆了下來！」我相信第二種表達方式會讓聽眾更有興趣。

邏輯清晰原則

沒有人會喜歡聽別人東拉西扯地講話，所以在說話的時候，一定要邏輯嚴密、條理清晰，這樣才能真正把聽眾的注意力牢牢抓住。生活中有一種人，說話喜歡離題，從不把內容集中在自己想要表達的重點上，這樣別人聽起來就會很費力。

不誇誇其談原則

在說話的過程中，偶爾誇大是可以接受的，但是如果刻意誇大事實來吸引大家的目光，那可能就會讓別人覺得你不夠真誠，自然就會失去吸引力。即使別人有意恭維你，也可能只是基於你的某種地位，而不是你說話的內容。所以在說話時，少誇誇其談，多說真誠的話。

掌握了這三個原則之後，再來談談兩個讓你說話更有吸引力的技巧。

增強說話吸引力的兩個技巧

提前做好準備

一位優秀的演講者必須是一位有前瞻性的準備者，沒有哪一位演講大師能夠在毫無準備的情況下，進行流利的演講。當然，後面會講到即興演講的技巧，但即興演講同樣是要做準備的，只是時間長短的問題。就算是美國前總統歐巴馬在演講前，根據他的採訪，他也會提前做好準備。

那我們應該做好哪些準備呢？

❶ **準備好你的演講大綱**：很多時候，我們沒有太多的時間打草稿，這就需要先準備好演講大綱。很多演講大師在講話之前，都會有準備大綱的習慣，這樣才能保證演講時條理清晰、有頭有尾。準備演講大綱可以讓你知道先說什麼、後說什麼，知道哪些該說、哪些不該說，同時也能提高你的邏輯思維水準，讓你講話的內容能夠緊緊圍繞你想要表達的重點。

❷ **準備好你說話的方式**：說話方式往往決定你說話的吸引力程度。不管是一本正經地說，還

是俏皮地說，都會影響你說話的效果。我們說話應該採取「開頭大器＋中間俏皮＋結尾懸念」的方法來進行，這樣可以大大提高你說話的吸引力。比如你要在聚會上發言，如果能在開頭引用一些名人名言，就會引起大家的興趣。接著，你應該讓你的語言溫和簡潔，最大程度地口語化，也就是用日常講話的方式，而不是說教的方式說出來。在說的過程中，最好能夠跟大家有互動，調節氣氛。最後，你要留下懸念，讓聽眾產生還想繼續聽下去的欲望。

多講真實事例

很多時候，我們說話總讓別人覺得枯燥，就是因為無法提供給他們更豐富的思考內容。對於一個傾聽者來說，周遭的人事物，往往更讓他們感興趣，因為這些事情真實可感，也容易引發大家的共鳴。因此，在圍繞主題的前提下，多講一些周遭的真實事例，會大大增強說話的吸引力。

很多人會問，為什麼馬雲講那麼多的理論，卻仍有那麼多人去聽。那是因為馬雲已經用他自身的經歷證明了一些東西，所以大家能從他所講的理論中感受到真實性。我們還沒有達到馬雲的水準，所以最好能夠多講一點身邊的真實事例，這樣會更加吸引人。

內向的人和陌生人聊天，如何做到有話可說

如果有個孩子比較安靜，不喜歡跟人交流，我們經常會聽到這樣的話：這孩子性格比較內向，不喜歡說話，也不懂怎麼說話。內向的人往往跟不善於說話聯繫在一起。如果你也是個性格內向的人，那你應該有過這樣的經歷：

面對陌生人，你總是找不到話題聊天，所以只能尷尬地兩眼對望，祈禱無聲勝有聲；面對陌生人，你總是在說一些對方不感興趣的話題，對方也只是簡單地回覆你三言兩語，最後，一場對話草草結束；大家正在聊天時，你總是插不上話，所以只能尷尬落寞地看著別人侃侃而談，而你只能做一個忠實的聽眾。

內向的人往往傾向於把各種想法、情緒、感受等藏在心底，他們不會輕易表達內心的情感，這導致內向的人容易出現溝通障礙。

我的朋友小陳，是個比較內向的人，他內心一直渴望和別人交流，獲得別人的認可並交到知心的朋友。他也知道要獲得這些，平時就必須要多和別人交流，多去關心他人。但是，每當他和別人

在一起的時候，總是找不到共同話題，總是沒說幾句就聊不下去了。每當身邊的人遇到不開心的事情時，他也想去關心、安慰別人，但總是不知道該採取怎樣的方式，說什麼樣的話。他總是覺得心裡有很多的話想說，卻不知道該怎麼說出來。

我相信有很多內向的朋友都會有小陳這樣的問題：想說卻不知道怎麼說，想聊卻不知道聊什麼，想講卻害怕講錯話，想表達卻擔心對方不感興趣。

就這樣，我們一直沒有學會怎麼好好說話，怎麼跟陌生人聊天。找到話題，打開跟他人聊天的話匣子，才能真正解決內向的人和陌生人聊天中存在的問題。

▼▼▼ 從對方熟悉的事物中尋找話題

假如有一天，你去一個陌生客戶的公司拜訪他。見到客戶之後，你可能會擔心找不到話題跟他聊，或許你更擔心自己聊的是不是他感興趣的。這時，你可以從他周圍的事物中尋找話題，這些事物多半都是客戶熟悉的，如果能夠圍繞這些事物來講話，他一定會感興趣。

例如，你看到他牆上掛的照片，你可以問他這張照片的來歷，問他為什麼會選擇這張照片掛在牆上，對他來說這張照片有什麼意義；你看到了茶葉，可以問問他喜歡喝什麼茶等等。

你也可以從對方的身上找到聊天的話題。例如，你看到對方穿了件很有氣質的襯衫，你可以問他襯衫的牌子，在哪裡買的；你看到對方戴著的手錶，你可以告訴他你很喜歡這款手錶，也可以稱讚他戴著很有氣質；你看到對方手上拿著一份報紙，你可以問問他最近有什麼特別的新聞，他對這些新聞有什麼看法等等。

從對方熟悉的事物中尋找話題，能夠讓你有話可說，並且能保證這些都是他感興趣的。

用超級聯想來尋找話題

內容枯竭是談話者最大的問題。對很多內向的人來說，面對陌生人，最大的問題就是說了上句不知道下句。這時，「超級聯想法」就可以解決你內容枯竭的問題。人類的大腦儲存的資訊有無數種，但是如果你不主動去聯想的話，它就很難被使用到。跟陌生人聊天時，利用超級聯想的方法尋找話題，會非常有用。

例如，首先可以問對方是否有喜歡的明星。比如對方喜歡的明星是周杰倫，那就可以圍繞「周杰倫」來進行超級大聯想。

如下圖 2-1，透過對「周杰倫」的聯想，可以想到他唱的歌曲

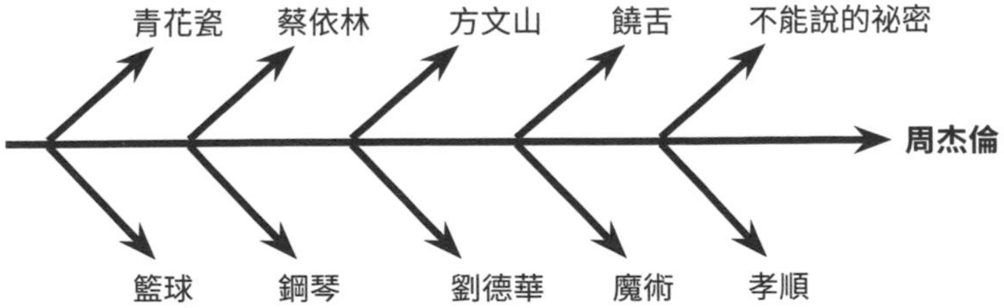

圖2-1 圍繞「周杰倫」展開的超級聯想

《青花瓷》，可以想到他曾經的緋聞女友蔡依林、御用作詞者方文山、他的饒舌唱歌方法，自導自演的電影《不能說的祕密》以及他喜歡的籃球、鋼琴、魔術，甚至還可以想到他的孝順以及曾經寫歌給劉德華被退回來那段歷史等等。

從一個人的身上，我們想到了那麼多的話題，每一個話題都可以作為我們聊天的資本。所以只要努力去聯想，一定可以做到有話可說。

超級聯想法要用得好，必須遵循三個原則。

不設限原則

在聯想的過程中，我們可以不用受自己思維的限制，想到什麼都可以說，只要不傷害到別人。

發散聯想原則

在聯想的過程中，一定要讓自己的思維保持發散狀態而不是收攏狀態，只有這樣，我們才能想到更多的話題。

關聯原則

我們想到的話題，一定是要和主體有一定關聯的，否則會讓傾聽者有種跳躍的感覺而影響了聊天的品質。

總之，用超級聯想法來尋找話題，是你打開思路、做到有話可說最高效的方法。

▼▼▼用金字塔構建法尋找話題

很多時候，我們會希望自己的談話能夠有深度，而不僅僅是淺層次地從這個主題跳到另一個主題。這個時候，就可以用金字塔構建法來尋找話題。

比如，我們了解到對方喜歡環境方面的話題，那我們就可以把「環境問題」這個話題談深、談透。首先，要先想環境問題有哪些？在這裡，我暫且列舉了三個環境方面的問題：氣候變暖、大氣污染、海洋污染。接下來，針對每一個問題，進行深入聊天。可以聊這些環境問題的危害，比如，氣候變暖的危害有：會導致海平面上升，造成地球上

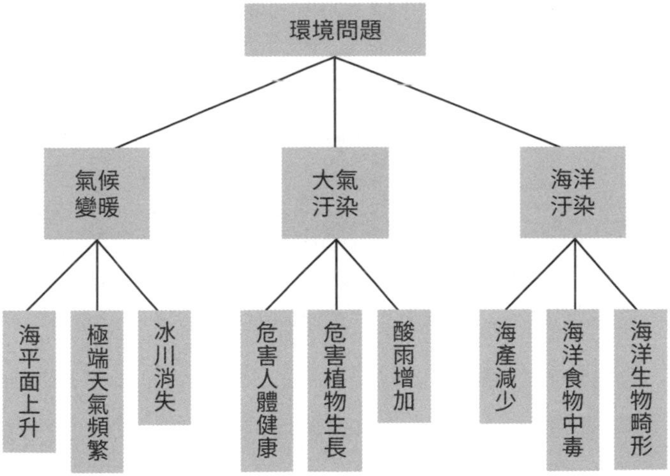

圖2-2 用金字塔構建法尋找有關「環境問題」的話題

那些海拔不高的島嶼消失；會導致極端天氣頻繁出現，如歐洲、美洲、亞洲多個國家陸續出現暴雪、暴雨等極端天氣；會導致全球冰川消失，吐瓦魯現在是受到全球氣候變暖影響最為嚴重的地方，很多房屋因冰川融化被淹沒等等。

透過金字塔構建法，我們可以針對某一個問題進行更深入的探討和交流，可以讓你在有話可說的同時做到邏輯清晰。

關於內向的人和別人聊天的最後一些提醒

內向的人總是傾向透過獨處來獲得能量，一般來說，他們會透過獨立思考來把問題想清楚，而不是和一群人共同交流來解決問題。這樣的特質很容易造成內向的人在溝通交流上出現障礙，因為溝通交流需要主動表達和傾聽，任何一個環節做得不好，都會讓溝通交流不順暢。

內向的人要提高自己的說話能力，讓別人喜歡和你聊天，還需要做到以下幾點：

讓自己熱情一點

「高冷」、「讓人難以接近」，這往往是對內向人的性格描述。當別人覺得你是這樣的人的時候，你們之間就很難進行愉快的對話。所以，在跟別人溝通時，可以讓自己更加熱情一點。這不是要求你改變自己的性格，而是在聊天之前，要學會給自己加一點「熱量」，例如一個微笑，一個稱讚，積極的傾聽，都是一種熱情的行為，這將給你帶來莫大的幫助。

不要糾結太多

內向的人喜歡糾結，糾結別人會怎麼看自己，糾結自己講錯了話，別人會不會嘲笑自己，糾結在交談的過程中沒有話題冷場怎麼辦。其實，你越糾結，這些情況就越會出現。任何一個人都會說錯話，所以不要對自己要求太高，不要讓自己活得太完美，就算錯了又能怎樣呢？嘗試讓自己想說什麼就說什麼，而且要堅持下去。

讓自己主動一點

溝通的基本要求就是主動。在企業裡面，同事之間不是主動求助就是主動支援，只有主動，你與對方才會產生連結。比如有人主動和你聊天，問你一個問題，你回答之後，並沒有主動反問對方，或沒有想要了解對方的欲望，那這個對話可能很快就結束了。所以不管你有多內向，試著去多關心別人，早上主動打個招呼，吃飯時主動打個招呼，這樣才能讓你有更多的溝通機會。

也許外向的人在溝通表達方面會有優勢，但是內向的人只要充分運用自己的獨特優勢，再結合思維方面的訓練，一樣可以做到有話可說，把話說好。

如何簡明扼要地表達你的觀點

有個朋友小偉，他的職業是社工，他的理想是有一天能夠考上公務員。經過努力，皇天不負苦心人，他終於通過了公務員考試的筆試，進入了面試的階段。他很珍惜這次機會，期望自己不要卡在面試上，於是他每天都努力地準備面試，學習怎麼回答各種面試問題。經過半個月的精心準備，他信心滿滿地走進考場。面試結束後，他也堅信自己會被選上。可最終的結果是，三個錄取名額，他排在第六名。他很納悶爲什麼自己那麼努力，卻無法換來想要的結果。

我問他：「你覺得自己在面試中，問題回答得怎麼樣？」他說：「我覺得自己答得很好。」

我說：「不如我來問你一個問題，看看你回答得怎麼樣。」他說：「好啊！非常樂意。」看得出來，他對自己非常有自信。我問他的問題是：前陣子，有一位老人跌倒後，一位大學生將他扶起來，卻被他敲詐。此事引起了全國媒體的廣泛熱議。對此，你是怎麼看的？

這是一個開放式的問題。小偉回答得非常快，他從國家法律說到了風俗傳統，從政治談到了民生，從風氣談到了道德。整個回答下來，足足花了十分鐘。聽完之後，我問他：「你覺得自己回答得怎麼樣？」小偉說：「我覺得很好啊。」

我終於知道小偉為什麼自己覺得很好，而最終面試得分卻很低了。這十分鐘的面試回答，我覺得內容很散、沒有重點，也沒有回答到問題點。

很多人在表達一個觀點的時候，滔滔不絕，讓別人覺得他上知天文，下知地理，但其實表達效果非常差，因為別人不知道他想表達的重點是什麼。

我曾經面試過很多人，也替很多人做過培訓，在這個過程中，我發現好的表達者和差的表達者，最大的差別不是誰的內容講得多生動，也不是誰更有激情，滔滔不絕，而是誰更能夠將觀點表達得簡明扼要，並且能讓對方很好地理解。

很多時候，好口才不是你在別人面前如何侃侃而談，也不是同一件事經你的嘴就能說得天花亂墜，而是能把每一句話都說到重點，讓每一句話都起到作用。

著名新聞記者、政治家、出版家鄒韜奮先生，在上海各界公祭魯迅先生的大會上演講時，只說了一句話：「今天天色不早，我願用一句話來紀念先生：許多人是不戰而屈，魯迅先生是戰而不屈。」

鄒韜奮先生只用了一句話，就將魯迅先生的精神說了出來。在當時，他的演講被人們譽為最具特色的演講。即便是現在，人們仍感歎鄒韜奮先生演講的簡練有力。

有句俗語說得好：「蛤蟆從晚叫到天亮，不會引人注意；公雞只啼一聲，人們就起身幹活。」的確，會說話的人，不一定是話最多的人，話貴在精，多說無益。

所以，多說話的人未必是會說話的人，會說話的人未必是多說話的人。學會把話講得簡明扼要，言簡意賅，是一個會說話的人的最高境界。那要如何才能做到簡明扼要地表達自己的觀點呢？以下三種方法讓你學會簡明扼要地表達觀點。

▼▼▼ 表達之前先想好中心點

我們在表達的時候，往往會跟我的朋友小偉一樣，東說一句，西說一句，沒有重點。要解決這個問題，我們必須要先想清楚我們想要表達的中心點是什麼，然後在表達的時候，緊緊圍繞中心點來進行語言的組織安排，這樣可以確保說話不會離題，同時把話說到重點上。

▼▼▼ 一個觀念只說三點

很多領導者在說話的時候，都只說三點。「三」這個數字是非常特殊的，「一生二，二生三，三生萬物」，這說明「三」其實是包含了萬物的，所以三點就能夠把一件事講明白。來看看小米科技董事長雷軍是如何運用這個方法的。

小米科技董事長雷軍曾在大會上發表了「小米的夢想」的主題演講，分享了小米的創業之路。在演講中，雷軍提到他認眞地研究了馬化騰、李彥宏、馬雲等大佬的創業歷史，其中馬雲的創業史對他幫助極大。他總結了阿里巴巴成功的三個重要因素，指出有三點值得學習：第一點，要有一個巨大的市場。任何一個大公司的成功，它的創業背景一定是巨大的市場，如果沒有一個巨大的市場需求，想把公司做起來是不可能的。第二點，要找一個超級可靠的人。第三點，相對同行而言，要有一筆永遠也花不完的錢。

雷軍話不多，但三點總結卻讓在場的人受益匪淺，並且讓大家輕易就記住了。

因此，如果想將觀點講得簡明扼要，只需要說三點。

把那些多餘無用的表述去掉

如果你說話時喜歡侃侃而談，但說的都是跟重點無關的內容，那別人聽了可能會瞌睡連連，因為他們根本就不想聽。唯一的解決辦法，就是把那些多餘無用的表述去掉。很多培訓師在教你講話的時候，都會告訴你要多說，但其實那些無關緊要的話，往往比不說更容易傷及你說話的品質。所以，試著只說跟重點有關的內容，說話直接簡練，這會讓你的話語更有力量。

學會簡明扼要地表達你的觀點，是在很多場合都必須學會的技能。無論是開會、面試，還是公眾演講，我們都要學會緊緊圍繞想要表達的重點，用精簡的語言，說出我們想說的話。只有把話說到重點上，才能讓說話更有魅力！

在職場，你必須是一個講故事的高手

小時候，聽著收音機裡的評書大師講著四大名著、武俠小說，我們總能聽得如癡如醉，不知疲倦。為什麼這些故事會那麼吸引人？因為一個完整的故事，總能給我們帶來無限遐想和美的感受。

會講故事，對你的事業發展會產生很大的影響。這就好比一桌人圍在一起吃飯，其中一個人開始講起自己的故事，所有人都圍著這個人在聽。不管他講的故事是真還是假，這個人已然成為這一桌人中最有影響力的人。很多時候，擅長在職場中的各種場合講故事，會讓你成為那個有影響力的人。會講故事，永遠是你職業成長的一道利器。

創業的時候，需要你會講故事，馬雲靠講故事獲得了自己想要的投資；銷售的時候，需要你會講故事，美國一位名叫喬治赫伯特的推銷員，透過講故事成功地將一把斧子推銷給了前總統小布希。同樣地，應徵職位的時候，也需要你會講故事，你需要將你的經歷像講故事一樣地講出來，才有可能讓別人投贊成票給你。

不會講故事，你在職場競爭中就輸了一半。其實每個人都是潛在的「故事家」，因為每個人每天都會遇到很多事情，自身也會有很多經歷，只是有些人不喜歡講或不會講而已。把你身邊的事情講出來，就是你的故事。所謂講故事，就是透過敘述的方式，講一個帶有寓意的事件。故事，就是以前的事，可能是真實的事，也可能是虛構的事。

莫言在領取諾貝爾文學獎時，說自己只是一個「講故事的人」。當我們看到別人的故事時，我們會說這是個「有故事」的人。每個人都有故事，只是，你要學會講出來，才能讓別人了解你。

如何讓自己成為講故事的高手，是你能生存在職場中的一個很重要的課題。不僅要會講，還要講得好聽。在這裡介紹兩個方法，一個是讓你會講故事，一個是讓你把故事講得好聽。

如何讓自己會講故事

我們每天都會經歷很多事情，但是如果叫你將這些事情講給朋友聽，你未必能夠講得出來，所以你不是沒有故事，而是不知如何講故事。我以前也不知怎麼跟朋友講故事，幾個朋友坐在一起，別人滔滔不絕，而我只能做一個忠實的傾聽者。事實上我肚子裡有很多故事，只是倒不出來。後來經過鍛鍊，我才學會了講故事。

舉個例子，某天你要跟一個朋友說一件事情：公司裡某個員工偷了公司的電腦，最後被開除了。如果你只是簡單地將這句話告訴你的朋友，那會是多麼無聊。但如果你能夠將這件事情用「5W1H＋教訓＋想法」的公式講出來，那你將成為一個講故事的高手。按照這個公式，以下來演繹一下怎麼講這個故事。

表2-1 用「5W1H＋教訓＋想法」公式講故事範例

公式	說明	故事
WHO	有什麼人：釐清這件事涉及哪些人，也許有員工、上司、保全、警察等	根據這個公式，可以向朋友這樣講這個故事： 上週，公司辦公室遭小偷。公司的一台筆記型電腦被員工偷了。這台筆記型電腦原本放在公司行政辦公室的櫃子裡。這件事驚動了公司的上司，公司的保全也調出了監視器畫面，但畫面不是很清晰，所以沒有結果。最終公司決定報警處理。當天，警察就對公司所有人進行了調查，最終確定了犯罪嫌疑人吳某。經過審訊，吳某承認了犯罪事實，並交代因賭博輸錢，生活所迫，才起了盜竊之心。他看到放這台電腦的櫃子沒有上鎖，所以等其他員工下班離開後，伺機偷走。最終公司決定將其開除。這件事告訴我們：千萬不要以身試法，犯罪終會受到懲罰。我覺得我們應該用自己的智慧和努力來換取我們的報酬。
WHEN	什麼時候：釐清這件事發生在什麼時候，事件的關鍵點有哪些	
WHERE	在哪裡發生：釐清電腦在哪裡被盜（在辦公室）	
WHAT	什麼事情：釐清其間發生了哪些事情，電腦被盜、公司調查、警察介入、員工承認等	
WHY	什麼原因：釐清各件事情發生的原因和背後的故事（員工賭錢輸錢，生活所迫）	
HOW	怎樣發生：釐清事件發生的細節（員工等待其他人員下班，然後伺機盜竊）	
教訓	這件事的教訓：千萬不要以身試法	
想法	你的想法：做人應該遵紀守法，用自己的勞動來換取應得的報酬	

根據上面的公式，我們也可以靈活轉換，講出我們想講的故事。

如何讓自己講好故事

當一個人講話毫無趣味的時候，聽眾就會失去興趣，所以我們講故事，一定要生動有趣，而要做到這一點，就需要掌握一些技巧。

要有聲語言和無聲語言並用

有聲語言是指能發出聲音的口頭語言，是我們說話的內容。無聲語言又稱為態勢語，是有聲語言（口語）的重要補充，它透過肢體、手勢、表情、目光等來傳遞資訊，也稱體態語。有聲語言和無聲語言並用，才能把故事講得精彩。例如，說到精彩之處的時候，手勢可以誇張；說到重點之處時，手可以做砍菜狀；說到數字時，可以用手指來比劃數字；說到悲傷的情節時，表情也要顯露出難過。

聲調要抑揚頓挫

也許你曾有這樣的經驗：平時在開會或者在一些場合講話，講到中間的時候，聽眾就沒有興趣了，甚至有人在睡覺，這很有可能是因為我們講話語氣平鋪直敘，缺少抑揚頓挫。沒有了抑揚頓挫，就沒有吸引力！

要讓自己講話時抑揚頓挫，首先要練好自己的氣息。氣息練習包括吸氣和呼氣。吸氣可以用「打哈欠」來練習。回想一下自己是怎麼打哈欠的，讓自己跟真的打哈欠一樣，感受小腹部隆起。吸完暫停四秒鐘，然後緩緩地呼出來。呼氣的同時，念以下的繞口令：

出東門，過大橋，大橋底下一樹棗，提著竹竿去打棗，青的多，紅的少。（呼第一口氣讀完）一個棗，兩個棗，三個棗，四個棗，五個棗，六個棗，七個棗，八個棗，九個棗，十個棗，十個棗，九個棗，八個棗，七個棗，六個棗，五個棗，四個棗，三個棗，兩個棗，一個棗。（呼第二口氣讀完）。這是一段繞口令，一口氣說完才算好！（呼第三口氣讀完）

這個練習每天堅持做十次。其次，要做到抑揚頓挫，在講話時還要做到快慢結合，斷連結合。在興奮、熱情、憤怒的時候，要快；在沉鬱、沮喪、悲哀的時候，要慢。在談話中，快與慢應交替進行，做到慢中有快，快中有慢。還需要斷連結合，比如說到重要地方的時候，可以適當停頓幾秒鐘看著聽眾，以吸引聽眾的注意。

可適當模擬人物對話

這個技巧會讓你講故事非常有吸引力。因為故事會出現很多人物和情節。要講好故事，就必須把觀眾帶到當時的情境。比如你跟別人講一件事，可以這樣講：上週五，我的上司給我一項任務，我覺得這個任務量非常大，至少需要五天的時間來完成，可是上司卻說隔週一要交，我覺得不可能，但因為上司很堅持，最終我還是妥協了，上個週末加班完成了任務。我覺得上司沒有很體諒我。

以上是平鋪直敘的講述方法，要讓你的故事更加吸引人，你可以這樣說：上週五，我的上司給我一項任務，我覺得這個任務量非常大，至少需要五天才能完成，但上司卻說隔週一交。我對上司說，這不可能，今天週五，時間上來不及。上司說，你週末加班來完成。我說，好不容易有個週末，還要工作。上司說，下週一如果不完成，我們的計畫就要延遲了。我聽了，只能妥協了。我覺得上司沒有很體諒我。

透過模擬人物對話的方式講故事，會比你平鋪直敘更加有吸引力。

如何輕鬆學會即興談話

即興談話，是指講話者事先未做準備，臨場因時、因事、因景、因情而進行的談話。在職場中，即興談話占了我們溝通表達的八十％以上。對大部分職場人來說，即興談話是避不開的坎。

我有個朋友，任職於一家大型集團。因爲業績突出，他被提拔爲研發經理。以前做工程師的時候，講話的機會並不多，可是做了研發經理之後，講話的機會就多了起來。有一次，他去參加一個供應商的年會，由於是比較重要的客户，所以他被安排坐在了第一排。會前，供應商並沒有告訴他要上臺。當會議進行到中間時，主持人突然邀請他上臺發表幾句感言。一聽到自己的名字，朋友馬上心跳加速，頭腦一片空白，只得硬著頭皮跟隨主持人上臺。結果上去之後，一句話也擠不出來，最後不得不尷尬地下臺了。

雖然供應商老闆不停地對他説沒關係，可是他卻不斷自責，關鍵時刻講不出話來，他感覺自己的不善言辭讓公司丟臉了。

不善即興談話，會讓我們在各種場合難堪，除非你逃避與人交往，逃避與別人交談。一旦你以某種身分出現在大眾面前，你就要懂得即興談話。

很多人說，學會即興談話很難。如果你未曾開口，一定難，如果你未曾探索著去學習即興談話，一定難。難的其實不是即興談話本身，而是你沒有意願去學習。

學習即興談話是有方法和技巧的，首先來了解一下即興談話的特點。

即興談話的三個特點

情境性強

即興談話一般都有特定的講話場景，講話的內容需與這一場景相關。比如在會議的過程中，你的即興談話就要跟會議內容相關；在聚會的過程中，就要講跟聚會相關的話題。不要在喜慶的場合講喪氣的話。

形式靈活

即興談話沒有固定的形式，只要能夠將你的意圖、情緒傳達給觀眾，那你的即興談話就達到目的了。

語言精練

即興談話一般為一到三分鐘。要在這麼短的時間內講得精彩，我們就必須學會精簡語言，以最少的話表達最豐富的內涵。

了解了即興談話的特點，接下來有必要掌握兩個談話工具，這兩個工具能夠讓你快速提升即興談話能力，讓你成為能夠侃侃而談、令人羨慕的溝通高手。

▼▼▼接受頒獎時和聚會時即興談話能力的提升

在我即興談話的過程中，經常會用到一個公式：「過去＋現在＋未來」。這簡直就是我即興談話的萬能公式，它讓我從一個不知如何開口的人，迅速變成侃侃而談的高手。在很多場合，我們都可以用這個公式去提升即興談話能力。以下舉兩個例子。

例一，在我發表優秀員工獲獎感言的時候，我會用到它。比如我曾經這樣說過：

記得一年前我剛進公司的時候，還是一個什麼都不懂的菜鳥，不懂得用傳真，不懂得用 Excel 做表格，不懂得用 Photoshop。但是我很幸運，遇到了一個很捨得教下屬的上司，她教會了我用傳真，教會了我用 Excel，教會了我用 Photoshop。還有很多同事也幫助了我很多。是你們讓我快速成長。（**過去**）

今天，我能得到優秀員工的獎項，我覺得是我上司的功勞，沒有她就沒有今天的我。同時，也離不開在座各位同事的包容與支持！所以在這裡，容我對你們說聲謝謝！（**現在**）

希望在以後的日子裡，能夠繼續跟大家並肩作戰，共同成長！最後祝大家在工作和生活中能夠心想事成！（**未來**）

例二，聚會的時候，我也可以用到它。比如我作為主辦者之一，在高中同學聚會的時候，曾經這樣說過：

高中的時候，我是一個很調皮搗蛋的人，木子就被我整過，我曾經把口香糖放在她的椅子上，當她坐下的時候，口香糖就黏在她的褲子上。現在想起來覺得有點對不起大家啊！但是大家對我很包容，所以那時我心裡眞的很溫暖，我們班眞的是一個溫暖的大家庭！（**過去**）

現在，時隔八年，我們重新聚在一起，大家都有了很大的變化，有的當老闆了，有的當上司了，有的抱得我們班的美人歸了……總之大家現在都很好。（**現在**）

八年時間說長不長，說短不短，眞的很開心可以與你們相知相惜。希望以後大家還能經常聯絡，繼續維繫我們的友情。願友誼永存！（**未來**）

我們為什麼會怕在公眾面前講話，是因為根本就不知道要講什麼；為什麼我們講話時會東拉西扯，是因為根本就沒有一條主線。這個萬能公式可以幫助我們建立講話的結構化思維。

會議即興談話能力的提升

在職場中，也許會遇到這樣的事情：公司離職率很高，上司組織會議討論解決方法，每個人都要發言。對此，菜鳥一般都是針對某一點進行闡述。但是如果你能夠全面系統地進行分析，上司一定會對你刮目相看。

在這裡分享一個案例分析工具：

步驟一：闡述現象。

步驟二：這種現象產生的原因有哪些？

步驟三：我的處理方式有哪些？

步驟四：我用哪些工具、流程、方法來應對？

針對離職率高的問題，我嘗試用這個工具來進行分析。

根據統計與分析，我們今年的離職率達到了二十％，去年才十％，比去年同期高了十個百分點。在公司所有部門中，人力資源部、採購部、財務部的離職率與去年同期持平，行政部有所下降，銷售部、研發中心、生產部離職率比去年同期上升不少。（**分析現象**）

我覺得公司離職率今年偏高的原因有三點：一是同行的薪資水準不斷提升，挖走了部分核心研發人員；二是今年公司業績相對下滑，導致銷售人員業績紅利下降；三是公司今年企業文化活動減少，員工歸屬感下降。（**分析原因**）

我覺得我們可以針對這些原因，採取以下措施：提升我們公司的薪資水準，保持行業競爭力；加大市場開拓力度，提升銷售人員的紅利；多多組織員工活動，增進大家的感情，提升大家的歸屬感。（**處理方式**）

以上這些都是一些短期的方法，長期來說，我們應該建立相關制度，從制度層面保證這些措施的落實，加強與員工溝通，了解員工的動態，及時把員工的問題扼殺在搖籃之中。我相信，只要按照上面的步驟和方法去做，我們公司的離職率一定會下降。（**應對方法**）

這就是一個完整的解決問題的會議即興發言。如果你能夠這樣說，相信離升職加薪也就不遠了。能力是訓練出來的，就像游泳一樣，你學了很多理論，但是不下水去游，就永遠也學不會游泳。

即興談話也是一種能力，需要不斷去練習。剛開始的時候，可以先按照上述方法去練習，當你熟練之後就能夠熟能生巧，慢慢地，你的即興談話能力就會在不經意間迅速提升。

Chapter 3

說而不聽，浪費時間

要點提煉：

① 你的一舉手一投足，都會透露出你對對方是否感興趣，而對方也能敏銳地感知到。一旦對方覺得你對他的談話不感興趣，他就沒有興致再說下去。

② 適應講話者的講話風格，盡量與他趨於一致，是做一個合格傾聽者的開始。

③ 沒有反覆詢問，傾聽就沒有意義，雙方就有可能無法達成一致，從而造成不必要的誤會和麻煩。

④ 在傾聽的過程中，一定要學會組織聽到的資訊，並能夠複述出來，最好還能進行回饋和評論，這會讓對方覺得你既認真地傾聽了他們的話，又對他們提供了幫助和支持。

溝通工具：

① 反覆詢問溝通模型——是什麼？為什麼？怎麼樣？怎麼做？

② 「3F 傾聽」——傾聽事實（Fact）、傾聽感受（Feel）、傾聽意圖（Focus）

你是一個合格的傾聽者嗎

傾聽對於溝通來說是必備的要素，沒有傾聽就是浪費時間。不管對方講得多好，如果你沒有認真傾聽，你跟對方的溝通就是對牛彈琴。

這一章，我們來學習關於傾聽的技巧。在開始學習之前，有必要先了解一下自己的傾聽能力現狀。請根據你的現狀（不要經過思考，只需要根據你的第一反應），在最符合你現狀的答案前打勾。每組只選一個答案，做完所有題目後，計算總分。其中，非常符合7分，比較符合5分，不太確定3分，比較不符合1分，非常不符合0分。

你是一個合格的傾聽者嗎

1. 跟對方說話時，我會保持目光接觸。

□非常符合　□比較符合　□不太確定

□比較不符合　□非常不符合

2. 不管對方講的對我有用還是沒有用，我都會聽進去。

□非常符合　□比較符合　□不太確定

□比較不符合　□非常不符合

3. 當自己情緒波動時，我也能夠好好地聽對方說話。

□非常符合　□比較符合　□不太確定

□比較不符合　□非常不符合

4. 不管對方的地位高低，我總能集中注意力。

□非常符合　□比較符合　□不太確定

□比較不符合　□非常不符合

5. 我總會想辦法理解對方的觀點。

□非常符合　□比較符合　□不太確定

□比較不符合　□非常不符合

6. 我不會急著表達自己的觀點和想法。

□非常符合　□比較符合　□不太確定

□比較不符合　□非常不符合

7. 在聽別人講話的過程中，我會透過點頭或說話來給予回饋。

□非常符合　□比較符合　□不太確定

□比較不符合　□非常不符合

8. 能夠理解對方的困難，做到感同身受。

□非常符合 □比較符合 □不太確定
□比較不符合 □非常不符合

9. 能觀察出對方的言語和心理是否一致。

□非常符合 □比較符合 □不太確定
□比較不符合 □非常不符合

10. 聽對方講話的時候，善於總結對方表達的意思，並給予回饋。

□非常符合 □比較符合 □不太確定
□比較不符合 □非常不符合

11. 聽一遍就能夠聽懂對方的話。

□非常符合 □比較符合 □不太確定
□比較不符合 □非常不符合

12. 即使對對方說的話沒有興趣，也能夠認真聽完。

□非常符合 □比較符合 □不太確定
□比較不符合 □非常不符合

13. 遇到反對的意見，能夠心平氣和地聽對方把話說完。

□非常符合 □比較符合 □不太確定
□比較不符合 □非常不符合

14. 我總能全神貫注地聽別人講話，中間不會想自己的事情。

□非常符合 □比較符合 □不太確定
□比較不符合 □非常不符合

15. 我總能聽懂對方講話背後的意圖而不是它的字面意思。

□非常符合 □比較符合 □不太確定
□比較不符合 □非常不符合

測試結果分析：

0～15分：你的傾聽能力很差，需要針對性地重點提高，除了閱讀本章內容之外，你還需要多花時間去練習書中的傾聽技巧。

16～45分：你的傾聽能力一般，你需要在傾聽的某些方面進行提升，本章的內容將會對你有很大的幫助。

46～80分：你的傾聽能力較好，你能夠跟對方形成很好的互動交流。

81～105分：你的傾聽能力非常好。你可以跳到下一章節，閱讀你感興趣的內容。如果你不介意多學點東西，也可以沿著本章繼續往下看。

做了這個測試，相信你已經了解了自己的傾聽能力現狀。帶著自己的問題把接下來的內容看完，你的收穫會更大！

告訴對方你對他的話很感興趣

朋友阿基跟我說過一個他一輩子都忘不了的經驗。

有一次，他去拜訪一個客户。前一天晚上，他凌晨三點才休息，第二天七點就起床，又花了兩個小時坐車去客户的公司。到客户的公司後，他已經疲憊不堪，眼皮不停地打架。

他打開電腦，強迫自己睜開眼睛，然後強迫自己微笑著爲客户講解PPT。然而，在講的過程中，疲憊最終還是戰勝了他的意志，他打了一個哈欠，此時手機還響個不停。那次跟客户溝通，他是硬撐下來的，他本來想跟客户說他昨天很晚才睡，但想想這些都不是理由，所以他沒有說。

告別客户回家後，客户打了一通電話給他，說：「感覺你對我們今天的溝通沒什麼興趣！所以我們上司覺得沒必要跟你再繼續談下去。」

就這樣，朋友阿基失去了一次很好的合作機會。

也許你有過這樣的經歷：

你在興奮地說著你引以為傲的事情，可是你的聽眾卻哈欠連連；你在認真地講解著專業的

PPT，可是你的聽眾卻電話不斷；你在專注地向對方說著你的看法，可是對方卻眼神游移，心不在焉。

面對這樣的場景，相信你當時的心裡一定是這樣想的：我想快點結束這場對話，不想再跟對面這個人講話。有時候，你的一舉手一投足，都會透露出你對對方是否感興趣，而對方也能敏銳地感知到。一旦對方覺得你對他的談話不感興趣，他就沒有興致再說下去。很多人都知道要積極傾聽，然而卻不知道，你舉手投足的某些細節會被對方無限放大，最終影響到雙方溝通的效果。

我有一個朋友是做企業諮詢的，平時工作非常忙，經常要趕高鐵、飛機到各個地方去見客戶。有一次，他跟客戶約定第二天早上十點見面，這個客戶的公司在一個很偏僻的小地方。朋友先是凌晨五點起床趕高鐵，然後還要坐一個多小時的巴士到客戶那裡。不巧碰上堵車，他到客戶那裡時，已是九點五十分。他一進入辦公室，馬上精神抖擻地投入到跟客戶的會談中。在這個過程中，他一直都很專注，對客戶提出的每個問題，他都認真傾聽，然後用心地給予解答。最終，他專業的表現贏得了客戶的讚譽，並獲得合作的機會。

在跟重要人物溝通的時候，即使你很疲憊，也要強打精神；即使你睡意連連，也不要打一個哈欠；即使你電話再多，也不要中途去接電話；即使你事情再多，也不要分神去想別的事情。因為這些信號都向別人表明：你對這場對話並不感興趣。

在溝通的過程中，對對方的話表現出興趣，能夠促使對方暢所欲言，從而提高溝通的品質。

那麼，該如何向對方表明你對他的話很感興趣呢？

▼▼▼保持視線接觸

與人交談時視線接觸對方臉部的時間，占全部談話時間的平均比例為三十%到六十%。超過這一平均值，說明傾聽者對此次講話更感興趣；低於此平均值，則表示傾聽者對講話內容和對方都不怎麼感興趣。

交談中，應始終保持目光的接觸，但也不能長時間注視，因為這會被對方認為是對私人空間或勢力範圍的侵犯，是不禮貌的挑釁行為。要用目光籠罩對方的面部，同時應當輔以真摯、熱誠的面部表情。交談中，隨著話題、內容的變換，做出及時恰當的反應，或喜或驚，或微笑或沉思，用目光流露出誠意，使整個交談融洽、和諧、生動、有趣。交談和會見結束時，目光要抬起，表示談話的結束。道別時，仍用目光注視著對方的眼睛，表現出惜別的表情。

▼▼▼中途不做跟談話無關的事情

很多人喜歡在談話的時候看看手機、接接電話，其實這是極其沒有禮貌的事情。我在跟別人談話的時候，不會把手機擺在桌面上，除非是很要好、很熟悉的朋友，但如果是第一次見面，以上的事情千萬不要做，否則下次就很難再有見面的機會。在別人說話的時候，讓別人把話說完，不打斷別人，就算有疑問，也要等別人講完再提出來。

給予積極的回應

不管對方講什麼，都要有積極的回應。積極的回應包括有聲回應和無聲回應。有聲回應，一般在別人講完一句話的時候，用「嗯」或者「是的」等簡短的語言來回答；無聲回應，一般是微笑、點頭。

身體前傾

身體前傾，向講話者的方向靠近，表明你對對方的話很感興趣，想聽清楚對方的話，同時也給別人一種謙卑的感覺。美國學者霍爾研究發現，四十六公分至六十一公分屬於私人空間，這個距離就像女友可以安然地待在男友的私人空間內。

到辦公室找上司談事情，最佳的空間距離為一百二十二公分至兩百一十三公分。小於該距離，上司會誤認為你強人所難；大於這個距離，上司會誤認為你不想真心誠意做事。

以上這些信號都能使與你溝通的人認為，你對他們講的內容很感興趣，從而能夠激發他們繼續講下去。

適應講話者的風格

一個在飛機上遭遇驚險卻大難不死的美國人，回家後反而自殺了，原因為何？

那天是聖誕節，一個美國男人爲了和家人團聚，興沖沖從異地搭機返家，一路上想像著與家人團聚的喜悅情景。不巧老天變臉，飛機在空中遭遇惡劣天氣，脫離航線，上下左右顛簸，隨時都有墜毀的可能，空姐也臉色煞白，驚恐萬分地吩咐乘客寫好遺囑放進一個特製的口袋。這時，飛機上所有人都在祈禱，也就在這個萬分危急的時刻，飛機在駕駛員的冷靜駕駛下終於平安著陸，大家都鬆了口氣。

這個美國男人回到家後異常興奮，覺得自己逃過死劫，不停地向妻子描述在飛機上遇到的險境……然而，他的妻子正和孩子興致勃勃分享著節日的喜悅，對他經歷的驚險沒有絲毫興趣。男人說了好一會兒，卻發現沒有人聽他傾訴，他死裡逃生的巨大喜悅與被冷落的心情形成強烈的反差。在妻子去準備蛋糕的時候，這個美國男人爬上頂樓，一躍而下結束了從險境中撿回來的寶貴生命。

當你講話的時候，傾聽者卻在做著與你完全相反的事情，那對你來說是一種巨大的打擊。如果講話者講得異常興奮，你卻無比冷靜；如果講話者講得淚流滿面，你卻面無表情；如果講話者講得興致勃勃，你卻只顧自己。

如果你有以上這些行為，表示你離一個合格的傾聽者還很遠。在傾聽中適應講話者的風格，能讓對方更容易接受你。

美國一個精神病人研究院曾經對一百個精神病人進行了關於「如何讓精神病人願意與你進行溝通」的專題研究。研究發現，精神病人會把與自己風格相似的人看成自己人，願意與他們進行溝通。

有一間康迪薩斯精神病院，裡面住著一百五十個精神病人。有一天，院長布朗聽護士艾比說，有一個叫詹森的精神病人已經一天沒進食了，而且也不跟任何人溝通交流，就一個人靜靜地坐在角落。護士艾比想了很多辦法，也沒能讓他吃飯。

院長布朗聽了艾比的彙報後，說：「讓我來試試。」布朗走出辦公室後，換了一身跟詹森一模一樣的衣服、鞋子、帽子。

院長布朗並沒有第一時間去跟詹森溝通，而是走到離詹森不遠的地方，也跟詹森一樣，靜靜地坐在角落。詹森起身，布朗也跟著起身；詹森把帽子摘下來，布朗也把帽子摘下來；詹森站起來，布朗也跟著站起來。總之，詹森做什麼動作，布朗也跟著做同樣的動作。

隨著時間的推移，詹森發現眼前這個跟自己一模一樣的布朗。詹森心想，這個人怎麼跟自己那麼像？一個小時過去了，好奇心讓詹森慢慢地走到布朗身邊，說：「嘿，夥伴，你在做什麼呢？」布朗回了一句：「我在沉思呢！夥伴，你在做什麼？」詹森說：「我也在沉思呢！」就這樣，兩個人你一言我一語地聊了起來。這時，護士艾比推著餐車過來叫他們吃飯了。布朗伸伸懶腰，說：「夥伴，我肚子餓了，一起吃午餐吧！」「好的，夥伴！」詹森說。就這樣，兩個看似一模一樣的人，一起吃完了午餐。

這是一個很特殊的溝通場景，但在我們平常的職場溝通中也同樣適用。適應講話者的講話風格，盡量與他趨於一致，是我們做一個合格傾聽者的開始。

我有一個朋友是做業務的，在他剛開始從事這個職業的時候，他不知道怎麼跟客戶溝通。業務的職責之一，就是要讓客戶願意敞開心扉，把他們最真實的想法告訴你，否則很難找到適合的產品。但是他的一些客戶，跟他說著說著，就沒話說了，他也不知道該怎麼引導客戶進入狀態。

後來，我跟他說，要學會適應客戶的風格。物以類聚，人以群分，一般來說，人們更願意向與自己相似的人吐露心聲。

朋友接受了我的建議，他在跟客戶聊天的過程中，總會時刻關注他們的面部表情變化、語氣變化、情緒變化等。客戶談到動情之處，痛哭流涕，朋友除了遞手帕之外，也會顯出悲傷的神情；客戶談到興奮之處，手舞足蹈，朋友也跟著興奮起來。果然，客戶跟他聊著聊著，就逐漸沒有了防備心理，彷彿是在跟自己聊天一樣，想說什麼就說什麼。

有時候，傾聽也是為了引導講話者向著自己的溝通目標去發展。適應講話者的風格，與其步調一致，才能有真正的交集。

在適應講話者的風格時，需要注意以下事項：

❶ **不要刻意模仿**。我們與講話者同步，並不是要刻意模仿他的行為，而是盡量趨向同步就可以了。刻意模仿別人，反而讓別人覺得造作。比如別人用手撥頭髮，你也用手撥頭髮，那就是刻意模仿了。要時刻關注講話者的變化，同時跟上變化就可以了。

❷ **懷著幫助對方的心態**。如果我們能夠在心裡始終想著要幫助對方解決問題，那就會時刻關注對方說了什麼，並且設身處地地去理解對方，這樣我們的傾聽能力就會大大提升。

學會反覆詢問

小張是一名電器銷售員。他做了一年，銷售業績卻一直沒什麼起色。他一直沒有找到原因，後來有一次，他的主管跟他一起做了銷售的實戰演練，終於知道了原因。

原來，小張每次對客户進行推銷的時候，也不先問清楚客户的需求就開始推銷產品，這讓他的銷售效率非常低。每次客户一過來，小張就一個勁地說自己的產品性能有多好，產品性價比有多高，然而客户更關心這款產品是否適合自己。客户有時不會關心你的產品有多好，他只會關心你的產品是否能幫助他解決問題。比如，有些客户要買普通的壁掛式家用空調，你卻一個勁地推銷性能優越、製冷能力強的落地空調，那就是對牛彈琴了。

在溝通中，學會反覆詢問非常必要，這是我們在傾聽時必須要做到的事情。沒有反覆詢問，傾聽就沒有意義，雙方就有可能無法達成一致，從而造成不必要的誤會和麻煩。

反覆詢問的目的主要有四個：第一，弄清楚對方描述的是什麼；第二，弄清楚對方的需求與動機；第三，弄清楚對方做這些事情的結果；第四，弄清楚對方接下來的計畫是什麼。

針對以上目的，學會反覆詢問，可以遵循以下的詢問溝通模型。

反覆詢問溝通模型

是什麼？

每次和別人溝通的時候，一定要弄清楚對方描述的事情是什麼，掌握了事情的來龍去脈，才能做好溝通的下一步。

為什麼？

對方為什麼要做這件事？例如銷售東西時，就要了解客戶為什麼要買這款產品，了解了他的動機與需求，才能有針對性地進行溝通。

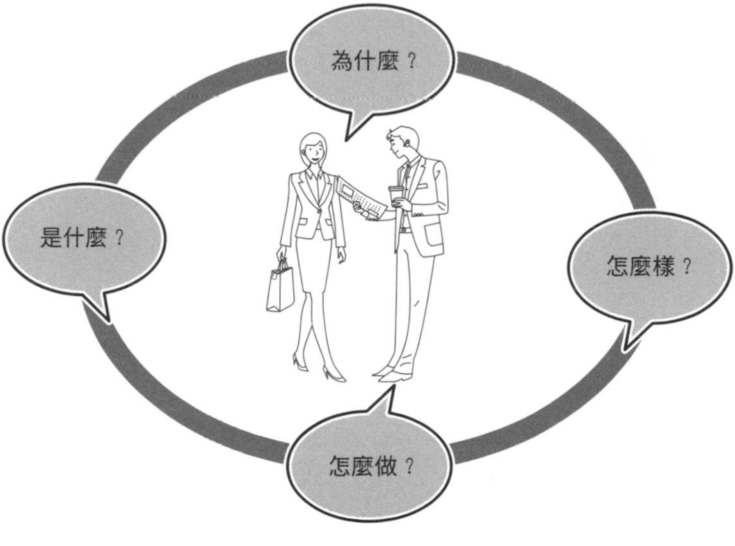

圖3-1 反覆詢問溝通模型

怎麼樣？

對方做了這些事情，結果會怎麼樣？對方會得到什麼？

怎麼做？

最後就是要了解對方下一步的計畫是什麼。

按照這個溝通模型，經過持續的詢問，我們就可以保證自己的傾聽是有回饋的，保證溝通是有結果的。不管你是跟客戶、下屬還是上司溝通，熟練使用該模型，都可以讓你在溝通中受益匪淺。

反覆詢問溝通模型案例分析

小林是一家公司的人事主管。他工作非常勤奮，可是有時卻感覺力不從心，因為上司交辦任務總是非常模糊，每次小林都似懂非懂地按照上司的要求去做，可是做出來後，上司卻說不對，所以總是改來改去，浪費時間，拖延了工作的進度。

如果小林能夠用反覆詢問溝通模型跟上司溝通，那他可能就不會遇到這樣尷尬的局面。

比如，年底時，上司要求小林開始籌備資深員工的座談會。

「小林，快年底了，你去籌備一個資深員工的座談會吧。」上司對小林說。

是什麼？

「請問這個座談會的主要形式是什麼？」小林問上司。

「就簡單找來在公司工作五年以上的各部門員工，大家聚在一起，了解一下他們的心聲，聽取他們的意見。」上司說。

「出席這次座談會的上司有哪些人呢？」小林繼續問道。

「就公司的管理層。」上司說。

為什麼？

「好的，我了解了。再請問一下，爲什麼要舉辦這次座談會呢？」小林繼續問。

「因爲近期資深員工離職率比較高，想了解一下他們的想法，爲公司下一步的工作打好基礎。」上司說。

這一點很重要，因為有的座談會是為了解決問題，有的座談會是為了讓大家感受公司大家庭般的溫暖，有的座談會純粹就是為了舉辦而舉辦。帶著目的工作，才能有效果。

怎麼樣？

「好的，我明白了。您是希望透過這次座談會，了解一下資深員工的心聲，看看他們想要什麼，以及公司近來有什麼做得不好的，以便改進，是嗎？」

「是的。」上司斬釘截鐵地說。

怎麼做？

「好的。明天我先把方案寫出來給您看看。我覺得時間初步定在下週五比較好，因爲下週五公司的管理層都在。」小林說。

「沒問題。你先把簡單的方案寫出來，需要協助的儘管提出來，有什麼問題隨時溝通。趕緊去準備吧。」上司說。

「好的，那我先去忙了。」小林終於把整個事情的總體方向溝通清楚了，接下來就是執行的細節問題了。

有時候，表達不是問題，傾聽也不是問題，但就怕溝而不通，如果沒有反覆詢問，就沒有溝通效果。這個溝通模型，大家可以多多練習，直到可以熟練掌握為止。

在這本書裡，將會提供更多溝通模型供大家練習，希望可以幫助大家快速提升溝通能力。

學會組織聽到的資訊

朋友阿宗是一間世界前五百強公司的營運部總監。在他剛進入這家公司的時候，他的工作開展得異常艱難，很多部門負責人表面上對他很客氣，可是私底下對他安排的工作並不配合，經常拖延，導致他常被老闆責罵。

然而，阿宗卻只用一次會議就改變了這種局面。公司開年中會議時，各部門的負責人需要做彙報，阿宗是評委之一。各部門負責人在做完彙報之後，評委需對每個人的彙報情況進行指導。

第一個進行彙報的是銷售經理。銷售經理在彙報的時候，大多數評委都在看手機或在做別的事，根本就沒有認真聽。阿宗卻很認真，時不時地做筆記，將重要的地方記下來。銷售經理彙報完之後，老闆請各位評委進行指導。其他的評委都是點到即止：覺得銷售經理報告得不錯，明年的銷售任務很重要，希望明年的業績能夠更上一層樓。

輪到阿宗點評，他拿起筆記本，說：「針對這次彙報，我給你三個建議：第一，你在報告時說上半年的團隊不夠穩定，離職率高，我建議你下半年可以多組織一些團隊活動，凝聚人心，人心在則穩。第二，你說上半年有些部門對你的支持不夠，我建議你可以往自己身上找原因，看看自己是否在某些方面做得不夠，然後多去其他部門走動，增進彼此了解。第三，聽了整個報告，我覺得上半年業績還是非常不錯的，主要是東部地區做得比較好，提升了整個業績水準，如果要完成整年的目標，下半年西北地方的市場也要開拓。」

就這樣，阿宗逐個點評了各個部門負責人的彙報。他既了解了各個負責人的實際情況，又給出了自己的建議，讓老闆和在座的其他人讚歎不已。

那次會議讓各部門負責人都對阿宗非常敬佩，後期工作也非常配合。這就是認真傾聽並將聽到的資訊組織起來予以回饋的力量。

在傾聽的過程中，一定要學會組織聽到的資訊，並能夠複述出來，最好還能進行回饋，這會讓對方覺得你既認真地傾聽了他們的話，又對他們提供了幫助和支持。

學會組織聽到的資訊，是傾聽很重要的一環。那麼該如何組織呢？

▼▼▼ 記憶訊息

記憶訊息是組織訊息的第一步。對方表達的訊息量可能很大，但有可能短短幾分鐘就講完了，此時，你就需要把所有重要資訊都記下來，以保證不會遺漏。「好記性不如爛筆頭」，建議大家養成用筆記憶的習慣。跟別人溝通重要事情之前，習慣性地帶上紙和筆，別人講，你來記，也可以告訴對方：你在認真傾聽，不會因為遺忘而漏掉關鍵資訊。

弄懂意思

在傾聽的過程中，如果有不懂的地方，不要打斷對方，做好標記，待對方講完之後，再向對方求證，直到弄懂為止。很多人的執行力不足，就是因為沒有弄懂上司的意圖就開始做事。比如有一個員工要請假提前回家過年，可是老闆卻對這個員工的主管說：「決不允許他請假！」這句話表面上的意思是不准請假，但其實背後的意思可能有很多，也許是老闆認為公司年底事情多，不允許提前回家，也有可能是老闆對這個員工不滿意，不允許他提前請假回家，如果他敢擅自回家，就將他開除。所以，一定要弄懂說話者背後的意思，確保自己沒有誤解對方，從而更有效地找到解決問題的方法。

複述內容

在傾聽的過程中，有時為了弄懂對方的意思，我們有必要將對方說的話進行複述。複述可以分為「重複性複述」和「概括性複述」兩大類。

「重複性複述」就是將對方說的內容再複述一次。可以是將對方的話一字不差地說出來，也可以是複述某一點。例如對方說：「我們公司去年的營業額達到十億，市場占有率達到整體行業的十%。」如果你沒聽清楚營業額是多少，或者你對營業額有疑問，你可以問對方：「你剛才說的營業額是十億嗎？」透過複述，確認對方所說的話，這樣可以讓你們的溝通保持順暢。

「概括性複述」是指在記憶原始資訊的基礎上，結合已有的知識經驗對材料進行創造性的複述。這是一個在記憶的基礎上進行思考的過程。當對方講了很多內容，而你又不方便打斷對方，這時候，你有必要將對方所表達的意思進行整理，然後透過你的語言，簡潔明瞭地轉述給對方聽，以確保沒有誤解對方的意思，以此來提高溝通效果。

概括性複述最常用的方法是「收集資訊點」。在跟對方溝通時，我們要能夠辨別對方講了幾點或幾件事，這樣才能夠準確地進行概括性複述。

例如，之前上司曾對我下達任務：「小劉，你明天去找李總要一下他的身分證，複印之後交給我一份。然後找一下他的履歷給我。」

如果我要確認他說的話，可以採用概括性複述：「曾總，你是要我找李總要身分證，複印一份後，連同他的履歷一起交給你嗎？」

有效組織聽到的資訊，可以讓你的溝通運轉起來，同時這也是跟對方互動的技巧，如果能夠好好利用，相信你和對方之間的溝通會非常順暢！

3F 傾聽：聽懂對方的有力武器

張林是公司的品質總監。有一天，他剛休假回來，就聽生產部經理劉棟說，張林的下屬鄭偉前幾天瞞著張林，把一個品質瑕疵案件私下處理掉了。張林聽了非常生氣，認爲下屬鄭偉冒犯了自己，不把自己放在眼裡。於是，他把鄭偉叫到了辦公室。

「你爲什麼瞞著我私自處理事情？」張林斥責道。

鄭偉聽了，連忙解釋說：「我是想說你有事休假，不希望打擾你，加上這件事我覺得自己可以處理好，所以我就先處理了。」

張林一聽更火大了，說：「這件事我是知道了，但我不知道的可能更多！你就是不把我放在眼裡！」

「不是這樣的，我很尊重你！只是我覺得這件事是小事，沒必要跟你彙報，而且這件事我也處理得很好，沒爲你帶來麻煩。」鄭偉覺得非常委屈，自己是爲上司著想，反而讓上司覺得自己沒有把他放在眼裡。於是，張林和下屬鄭偉的溝通陷入了僵局。

張林和鄭偉都是急於表達自己內心的想法，這讓兩個人的溝通最終無法達成一致。

在工作和生活中，我們經常會遇到這種情況：看到對方遲到，我們總傾向於認為他是一個時間觀念不強的人；遇到對方拒絕你，你的腦袋裡首先蹦出的想法是，他一定是不喜歡我；某個人在公共場合大吼大叫，你可能會認為，這是一個沒有水準的人。

我們總是憑著自己過往的知識、經歷、經驗，對這個世界進行判斷。這些判斷，在我們與別人的溝通之間造成了巨大的障礙，所以我們經常會聽到這樣的話：「我不是這樣想的，你誤會了！」就像鄭偉其實很尊重上司，卻被上司認為自己不尊重他。事實上，當我們跟別人溝通時，腦子裡已經有了很多雜念——已然形成的思維模式、價值觀、成見等，這些雜念，都在阻礙我們真正聽懂對方的話。當我們聽不懂對方的話時，就永遠只會按照自己的想法去溝通，那怎麼可能與對方達成一致呢？唯有真正地聽懂對方的話，我們才真正學會了溝通，而「3F傾聽」，是我們聽懂對方的有力武器。

▼▼▼什麼是「3F傾聽」

傾聽事實（Fact）

不要用自己的想法和固有觀念對對方的話進行判斷，而是要客觀地接受對方談話中的資訊。很多人在聽了對方的話之後，會根據自己固有的觀念對對方的話進行判斷，從而誤解了對方。這時，其實需要傾聽事實，不要做任何判斷。

那該如何區分「事實」和「判斷」呢？舉例：

昨天，我的老闆對我發脾氣。**（事實）**

昨天，我的老闆無緣無故對我發脾氣。**（判斷）**

事實就是「客觀存在」，而判斷是加入了你的「主觀想法」。例如「上司在說話的時候有意諷刺我」就是判斷。

所以，當我們在傾聽的時候，如果加入了主觀判斷，就很難再保持獨立的思考，有可能造成對方要表達的意思跟我們判斷的意思完全相反，那這樣溝通就很困難了。

傾聽感受（Feel）

在這個階段，我們需要對對方感同身受。如果無法理解對方的感受，溝通就很容易陷入僵局。通常我們很容易受到對方言語、表情的影響，而無法做到感同身受。例如很多夫妻吵架，就是因為沒有傾聽對方的感受，無法做到感同身受。

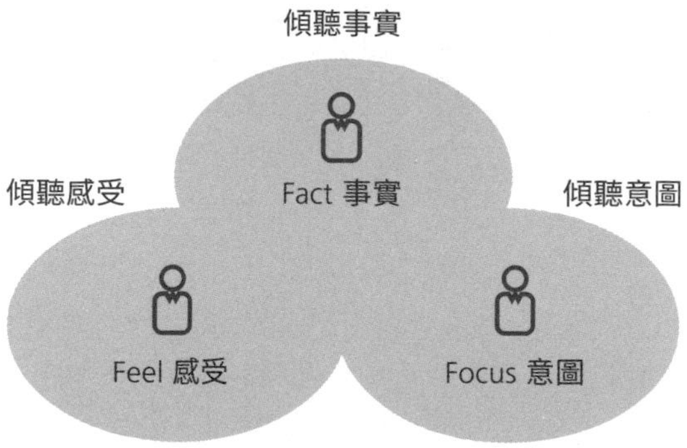

圖3-2 「3F傾聽」

老公工作忙，晚上十一點半才回家，老婆非常生氣，說：「你以後再這麼晚回家，就不要回來了！」老公一聽，心想自己為了家庭，工作到那麼晚，回到家不但沒有一句安慰的話，反而是一頓責罵，於是就大聲反擊道：「妳以為我很想這麼晚回家嗎？」老婆一聽老公這麼大聲跟自己說話，心裡突然委屈起來，說：「你竟然吼我！我等你到這麼晚，你不但不心疼，還吼我！」於是，夫妻之間的吵架大戰開始了。

無法與對方感同身受，那麼兩個人就像兩條平行線，永遠沒有交集。

傾聽意圖（Focus）

在這個階段，我們要了解對方真正的意圖是什麼。每個人做每件事，說每句話，其實都有一個意圖，我們要學會傾聽對方的意圖是什麼。我曾經對我的下屬發過一次很大的脾氣。我不是一個會輕易發脾氣的人，但那一次，我沒忍住。

有一次，我帶下屬去參加一場校園徵才博覽會。我提前到了博覽會的現場，這時下屬打電話告訴我說他會遲到。一聽到他說會遲到，我馬上判斷他可能是因為睡過頭而遲到。我大聲對他說：「這麼重要的事情你也遲到，不要過來了！」後來，他趕到了現場，對我說：「其實我發燒了，剛打完針就跑來了。本來可以準時到的，結果遇上塞車，所以遲到了！」在那一刻我意識到，其實下屬是很希望準時趕到現場的。當我意識到他背後真正的意圖後，我感到很內疚，於是我便向他道歉。在這之後，他做事更加積極，我跟他的溝通也更加順暢了。

如果我沒有了解他背後的真正意圖，那我根本就不可能和他達成諒解。

如何運用「3F傾聽」

「3F傾聽」有七個步驟：

第一，你看到或聽到的事實是什麼？

第二，你的感受是什麼？

第三，你的意圖是什麼？

第四，我看到或聽到的事實是什麼？

第五，我的感受是什麼？

第六，我的意圖是什麼？

第七，核對自己和對方的事實、感受、意圖，與對方溝通，達成共識。

「3F傾聽」練習

在一次重要的客戶接待會上，小陳和小洪代表公司出席會議。在談到小陳擅長的議題時，小陳直接忽略了小洪，直接跟客户討論並達成一致意見，這讓小洪很生氣，認爲小陳忽略了他。其實，小陳當時只是覺得自己比較擅長這個領域，怕小洪參與其中，如果出了問題會讓小洪很尷尬，但小洪則認爲自己其實可以幫上一些忙。

如果你是小陳，你該怎麼跟小洪溝通？

根據前述的「3F傾聽」七步驟，可以採取以下措施：

小洪看到的事實：小陳沒有讓他參與對話。

小洪的感受：很生氣。

小洪的意圖：如果讓自己說話，可以幫上一些忙。

小陳看到的事實：自己更擅長這個議題。

小陳的感受：自己能夠搞定，很怕小洪尷尬。

小陳的意圖：不希望小洪感到尷尬，同時也怕影響到客户跟公司的合作。

核對：透過核對雙方看到的事實、感受、眞實意圖，小陳可以把自己的想法告訴小洪，讓小洪覺得對方這樣做是爲他著想，同時自己要以公司大局爲重。這時，小洪應該會覺得就算自己受點委屈也沒什麼，況且對方在這種重要的場合爲自己著想，自己也要心存感激，相信以後繼續這樣合作，會取得更好的結果。

在溝通的過程中，我們往往容易誤解對方，唯有透過「3F傾聽」，才能真正化解分歧。希望大家多加練習這個方法，直到真正掌握為止。當你理解了傾聽的精髓，相信你的溝通能力會大大提升。

Chapter 4

練好面試溝通，找到理想工作

要點提煉：

① 永遠圍繞你所應徵的職位最看重的能力、素質，或你能透過這個職位為企業創造什麼價值來回答，因為這才是面試官最想要的。把話說到面試官心坎裡的程度，決定了你面試成功的速度！

② 很多時候，你面試不成功，不是你的能力不行，而是你根本就沒有站在企業的角度去考慮，考慮他們想要什麼人。面試其實就是銷售自己的過程，你越能滿足企業的需求，你就越搶手，你的「價碼」也就越高。

溝通工具：

① 自我介紹的內容：總括個人資訊＋個人經歷、業績和優勢能力＋個人興趣愛好、特長＋表達願景。

② 初試、複試、終試三個階段面試的考察內容和題目。

準備：讓你成為面試達人的六項準備工作

面試是一次個人和企業之間的博弈。對於企業而言，通常收到的履歷數量遠遠大於所需的人才數量，所以企業會對求職者進行嚴格篩選，希望可以招聘到最適合的人才。正因如此，求職者有必要做好充分準備，以免錯失良機。首先，我們需要了解一些面試的潛規則。

招聘面試潛規則

面試，其實就是面試官對你的印象

表面上，企業招聘的標準是按照企業的招聘要求，但更多的是面試官對你的「整體印象」。你與面試官「博弈」的過程，其實就是你給他留下什麼印象的過程。說白了，就是他看你這個人順不順眼。這包括很多方面，例如第一印象、過往經歷、你的能力、你的價值觀、你對這場面試的重視程度等。

你會不會做人，很大程度上決定了你是否能夠面試成功。關注細節，你會得到更多。

面試，其實就是看你是否用心

用心的人，會給人一種很虛心、很有經驗的感覺。他會為這場面試做很多準備，所以對於面試官的提問，他總能應答如流，讓人感到這個人是值得信賴的。

其實每個人都可以做到這點，關鍵在於你是否肯花心思。你需要用心的地方很多，包括履歷的設計、自我介紹的準備、外在形象的打理等。

面試，其實就是一場厚積薄發的戰役

面試是一場厚積薄發的戰役。什麼是「厚積薄發」？就是你過去積累的經驗，讓你能夠隨時引爆自己的潛能。招聘人員想要看到的是你的爆發力，這個爆發力，是你對應徵職位的把握程度和自信度。如果你能夠對以前工作中出現的問題應對自如，相信面試同樣的職位或是更高一級的職位，都不會是什麼問題。

做好這些準備工作，會讓你的面試成功率提升五十%

很多人會問，要怎樣做好面試的準備工作呢？針對以上的招聘面試潛規則，來跟大家聊聊要做

好哪些準備工作。

對應徵的職位進行全面的了解

很多人喜歡海投履歷，其實這樣除了浪費時間之外，並沒有什麼用處，因為HR不會對那些沒有針對性的履歷多看一眼，所以你要對應徵職位進行全面的了解，以便讓自己更加有把握。很多面試官會問這樣的問題：你對這個職位了解多少？你知道這個職位是做什麼的嗎？針對這些問題，我們該了解哪些東西呢？

❶ **了解職位的職責**：看看這個職位需要做什麼，這些職責跟你過去的經歷是否有交叉的地方。如果沒有，盡量不要嘗試，因為這樣相當於轉行了；如果有，盡量熟知這些職責，以便為面試做準備。

❷ **了解職位的招聘要求**：看看企業列出的要求，你已經具備了哪些、沒有具備哪些。例如，企業要求求職者要有較強的溝通表達能力，但你這方面能力較弱，那就要想想怎麼加強這個能力，以便讓自己更加主動。

對應徵的公司進行了解

很多面試官會問：你了解我們公司嗎？可以具體說明嗎？你為什麼想加入我們公司？我們公司最吸引你的地方是什麼？所以我們有必要對應徵公司進行了解，比如了解公司所處的行業、產品、規模大小、行業地位、企業文化、創始人、未來發展前景、獲得的榮譽等。如果你還能說說你對這個行業趨勢的看法，那就更能為自己加分。

各種材料的準備

比如履歷、相關證書影本。有些人面試喜歡空手去，其實這樣會給面試官一種你不夠重視的印象，除非你現場就能表現自己的實力，否則最好還是帶點東西，讓面試官覺得你是有備而來，而且帶東西還可以降低你的緊張感。正所謂「手中有糧，心中不慌」。

一般來說，很多公司的ＨＲ都會列印履歷，但是如果你自己帶一份，也能給他們留下你做事認真的好印象，何樂不為？帶筆也是很重要的，因為面試一定要填資料，雖然影響不大，但是如果你能夠考慮到很多細節，至少會讓對方覺得你為人可靠，也很重視這間公司。

外在形象的準備

除了求職者的個人素質之外，很多企業招聘人員也很關注求職者的外在形象。

沒有人有義務透過你邋遢的外表去覺察你的內心世界。這裡說的「外在形象」，不是說你的衣服有多漂亮、化妝多好看，而是你的穿著打扮要適合你的職業身分。其實不同類型的公司對服裝的要求都不一樣，像一些網路公司，可能就比較輕鬆休閒，但是一些服務類企業，則會要求你穿著正式。雖然標準不一，但還是有一些共通性，比如，衣著要乾淨整潔、體現幹練的作風；女生可以化點淡妝，但不應濃妝豔抹，否則容易將面試官的注意力集中在妝容上。

面試問題的準備

在一場面試中，有一些問題是面試官必問的，像「自我介紹」、「工作中有哪些事讓你覺得是最有成就感的」、「在工作上有哪些技能或天賦」、「相比別人，你的優勢在哪裡」等。這些問題，主要是圍繞你的個人經歷、個人最突出的能力來進行設計，你可以假設面試官就在面前，然後模擬回答問題。你要充分認識自己，熟知履歷的內容。

心理準備

面試就是一次自我展示的機會，所以一定要敢於「放開自己」，把最真實的自己表現出來。很多人由於緊張，說話結結巴巴，頭腦一片空白，導致沒有發揮出真實的水準，錯失了得到好工作的機會，所以一定要熟悉自己的履歷，多做準備，使自己更從容、更有自信。

面試其實從準備時就開始了，真正的面試達人，是不會打無準備之仗的，與其浪費時間去參加一些沒有把握的面試，不如好好做一次準備，讓自己的面試成功率提升，成為每次面試必拿 offer 的人。

履歷：寫出讓HR一看就約你面試的履歷

一份能夠真實反映你個人情況的履歷，未必就是能夠對你找工作有幫助的履歷，這份履歷是要給招聘人員看的，所以它需要包裝。

一份能夠讓招聘人員眼前一亮的履歷，一份讓招聘人員看了就想深入了解你的履歷，一份讓招聘人員一看就約你面試的履歷，才是真正能夠幫助你找到工作的履歷。

你必須知道的履歷篩選潛規則

篩選履歷的人員

在招聘工作中，篩選履歷只是第一步。在大部分企業裡，篩選履歷一般是由人事助理或人事專員負責。為了保證篩選履歷的準確性，企業都會設定一些硬性的標準，比如學歷、專業背景、曾任職公司、年齡、工作年限等。所以，要想通過第一輪篩選，就必須具備一些硬性指標。

篩選履歷所需時間

一個招聘人員有時一天要看上百份的履歷，他們都希望能夠盡快篩選出合適的人選，以便花更多的時間去跟候選人溝通，所以招聘人員看一份履歷一般只花一到兩分鐘，就決定要不要約這個人來面試。

紙本履歷不需華麗

很多人在做紙本履歷的時候，喜歡加上一個很好看的封面，然後在履歷上加很多圖片，最後用彩色列印。其實這樣不但不會增加招聘人員對你的好感，反而畫蛇添足。招聘人員不會關注你的履歷是否華麗，他只關心你的履歷裡是否有他想要的內容。內容為王，在履歷設計中依然適用。

一份好履歷要解決的問題

❶ **你是誰**？（你的履歷是否清晰地將你的個人資訊準確傳達？）

❷ **你想要什麼**？（你想透過這份履歷達到什麼目標？你的目標職位是什麼？）

❸ **你憑什麼覺得自己能勝任**？（你寫出的所有學歷、經歷、技能、素質能讓招聘人員信服你可以勝任你的目標職位嗎？）

❹ **你的未來將會是怎樣的**？（你的履歷能夠讓招聘人員看到你的潛力嗎？）

站在招聘人員的角度建構履歷框架

因為你的履歷是給招聘人員看的，所以你必須百分之百站在招聘人員和企業的角度，去建構你的履歷框架。建構履歷框架有三個原則：

目標原則

目標原則就是在設計你的履歷之前，就要確定你的求職目標。履歷的所有內容，都要圍繞這個求職目標來設計。

簡單原則

簡單原則，主要體現為四個字：為所當為。也就是履歷裡的項目，都是用來證明你是可以勝任這個職位，以及要讓別人覺得你是有潛力的，那些無關的項目可以毫不猶豫地刪除。例如，你要應徵一個需要一到兩年工作經驗的職位，或是主管級別以上的職位，你就沒必要將你在學校期間的打工經歷寫上去，在校打工經歷一般只適合應屆畢業生的履歷。

對應原則

對應原則主要針對履歷的頁數。網路上或很多指導寫履歷的書裡都會說，一般來說履歷一頁就夠了。很多人對此深信不疑。其實關於履歷的頁數，不能一概而論。對於應屆生來說，一般一頁就夠；社會人士一般保持在兩頁；高層人員，如果很有資歷，可以把自己的履歷做得厚重點。如果你應徵的是經理職位，卻給了一份只有一頁的履歷，招聘人員也許會覺得這人經歷不夠，恐怕還不足以勝任。而且職位越高，就越需要提供更多的資訊，以便招聘人員能準確判斷你是否能夠勝任。

履歷基本框架

我自己有過三、四年的招聘工作經歷，雖然現在已經不再直接參與招聘工作，但偶爾還是會進行面試。一份真正優秀、能夠吸引我想約他來面試的履歷，主要包括以下項目（見表4-1）：各項目編寫技巧如下：

個人資訊

「個人資訊」主要是招聘人員對求職者的初步了解。這部分只要如實填寫就可以了。在這裡要強調的是，聯繫方式尤其是email和電話一定要寫對，因為招聘人員一旦覺得合適，就會打電話給你，如果溝通後覺得合適，就會透過email寄出面試邀請函。

表4-1 求職履歷主要項目及相應內容

順序	項目	內容
1	個人資訊	包括姓名、性別、出生年月、居住地、工作年資、聯繫方式（包括電話、email）等。
2	自傳	自傳能讓招聘人員一目了然地了解求職者的素質是否與企業要求的職位相符，所以要吸引招聘人員的目光，就要學會用最簡潔、最突出的方式展示自己的特徵。
3	應徵條件	求職目標和期待薪資。
4	工作經驗	主要是過去的工作經歷，包括工作內容、工作職責、工作業績等。
5	專案經驗	主要是在過往經歷中所參與的專案，包括在專案中擔任的角色、職責和結果。
6	教育經歷	主要是最高學歷。
7	培訓經歷	你參與過的跟工作有關的培訓。
8	證書	你所獲得的跟工作有關的證書。
9	語言能力	你所擁有的跟工作有關的語言能力，如英語、日語等。

自傳

「自傳」是履歷的重要組成部分，很多招聘人員第一眼看的就是「自傳」的內容，然後決定是否繼續看下去。如果內容太普通，沒有太多的亮點能夠吸引招聘人員的目光，那很可能就會馬上被略過。

很多人不會寫「自傳」，在這裡介紹一個「自傳編寫公式」，在這個公式的基礎上，大家再根據自己的實際情況來遣詞造句，相信可以寫出夠吸引人的自傳。

❶ **總括**。先概括學習經歷，自己畢業後做了什麼，有哪方面的工作經驗，涉及什麼行業，在什麼類型的公司工作過，個人事業發展情況等。

❷ **業績**。寫你在過去工作中的突出業績，包括你過去所負責的工作對公司業績的貢獻，專案成果等。

❸ **能力**。你擅長做什麼，對哪一塊領域比較熟悉，哪些工作是你能夠獨當一面甚至帶過團隊的，你最強的能力、最優秀的素質是什麼等。

❹ **優勢**。相對於其他同類型的求職者，你有什麼是別人做不到的，你有哪方面特殊的才能、資源和經歷等。

❺ **願景**。可以簡單寫一下你對未來企業、職位的期待。

應徵條件

「應徵條件」包括應徵職位、薪資期望、工作狀態等。

應徵職位一定要明確，讓招聘人員一眼就能知道你要應徵的職位。不能既寫應徵業務，又寫應徵人力資源，如果這樣寫一定會被淘汰，因為沒有職業規劃的求職者一般都會給人不夠穩定的印象。求職目標明確，更容易讓這份履歷為你的目標服務。

關於薪資期望，一定要了解你所應徵職位的薪資水準，然後根據個人經歷、能力、素質等實際情況來定一個合理的薪資範圍。對自己進行價值評估也是現代人一種很重要的能力，期望薪資設定得不合理，很可能讓你與理想的工作失之交臂。例如，你的工作經驗只有兩年，想應徵一個專員職位，卻要求月薪四萬五千元，這種不合理的薪資期望，會讓招聘人員第一時間放棄你。

工作經驗

「工作經驗」是履歷中的重中之重，因為只有透過這一資訊，招聘人員才能判定你是否可以勝任這個職位。

「工作經驗」可採用「公司介紹＋工作職責＋職位介紹＋工作業績」這樣的結構來編寫。此結構可以讓招聘人員很清晰地了解你過去的工作經歷。舉例：

二〇一四年一月一日至今：〇〇股份有限公司

該公司主要從事網路能源產品的生產和銷售，產品包括UPS、精密空調等。其中，UPS銷量在國內品牌中排名第一。

擔任職位：銷售主管

主要工作職責：1.負責公司華南地區UPS產品的市場拓展工作；

2.負責華南地區銷售團隊的管理工作。

職位介紹：彙報對象為銷售經理，管理人數兩人。

離職原因：個人發展。

工作業績：入職至今，開發了三十家新客户，二〇一四年完成一千萬銷售額，二〇一五年達到兩千萬銷售額。

當然，你還可以增補其他方面的內容。如果你應徵銷售主管職位，相信這樣的描述會讓你獲得招聘人員的青睞。

在編寫「工作經驗」這一項時，有以下幾點需要注意：

❶ 工作經驗中斷。也就是指職業生涯中出現了沒有工作的階段（如懷孕、生病），這就需要給出一個招聘人員可以接受的理由，否則可能會讓你丟掉面試機會。

❷ 使用一些與工作有關的行爲動詞來描述工作職責，像「負責完成」、「協助完成」、「組織」等，這些動詞可以使你的履歷簡潔有力。

❸ 工作業績用資料說話。你應該多用數字來突出你的工作業績，比如：在華南地區的銷售額同比增長了十七％。

專案經驗

專案經驗與工作經驗是相輔相成的，但相較於工作經驗，專案經驗更側重於體現求職者在某個專業領域的技能水準，因此管理類、技術類、諮詢類職位在招聘的時候，更注重專案經驗。

一個完整的專案經驗應該包含三部分內容：專案簡介、個人職責、主要業績。舉例：

專案名稱：中高層管理人員培訓
專案時間：二〇一四年十一月一日至二〇一五年三月一日
專案簡介：根據公司中層經理任職資格認證的分析結果，引進中高層管理人員系統培訓，提升其管理水準。
職責描述：負責培訓機構的篩選，培訓的組織實施，課後作業的跟進等。
主要業績：按時完成各項計畫，受到公司嘉獎。

這樣的描述，可以讓招聘人員很直觀地了解到你在這個專案中的表現，也可以看出你的能力所在。如果你過去所從事的專案，剛好和你應徵公司正在推行的專案相似，那麼你很快就會得到面試邀請。

教育經歷

教育經歷寫最高學歷就可以了，如果最高學歷是大學畢業，就沒必要寫高中教育經歷了。

培訓經歷

學歷是敲門磚，而學習力才是未來，很多企業非常看重員工的學習力。學習力包括學習能力和學習意願，有學習力的員工意味著高潛力。培訓經歷同樣是你喜歡學習的證據，所以如果你有跟工作相關的培訓經歷，那一定要寫上去，這將為你加分。

證書

證書同樣是證明你勝任力和學習力的有力證據。例如你應徵的職位是會計，那中級會計師證將為你的求職增添重要砝碼。

語言能力

語言能力主要是指在英語或其他語種方面的能力水準。如果你面試的是外商或是和外貿有關的工作，那一定要多加注重這一項。

展示：如何做一個讓HR眼前一亮的自我介紹

自我介紹是面試中最重要的環節之一，九十％以上的企業在面試的時候，第一個問題就是：你可以花兩到三分鐘的時間做一個簡單的自我介紹嗎？

面對這樣的問題，有些人駕輕就熟，洋洋灑灑就做了一個完整的自我介紹，可是有些人卻不知道該從何說起，更不知道該如何做一個好的自我介紹。

事實上，如果你能夠做一個精彩的自我介紹，迅速吸引面試官的注意力，讓他對你有一個良好的初步印象，那將會非常有利於接下來的面試。

同時，自我介紹也是把自己「銷售」出去的重要手段，一場面試，把自我介紹做好了，就成功了一半。那該如何做一個出色的自我介紹呢？自我介紹的方式五花八門，但一個精彩的自我介紹，必須符合三個原則。

自我介紹三原則

角度原則

做自我介紹不是講給自己聽的，而是講給面試官聽的，所以我們必須要站在面試官的角度去組織語言。有些人自我介紹講得天花亂墜，但是面試官聽了卻眉頭深鎖，原因是他們講的都不是面試官想要的。面試中的自我介紹跟生活中的自我介紹會有很大的不同，生活中的自我介紹可以任你發揮，但是面試中的自我介紹卻是為求職服務的，你需要打動面試官。所以在做自我介紹之前，一定要弄清楚面試官想要什麼。

重點原則

自我介紹的時間比較短，所以說話一定要有重點。一般來說，自我介紹有一分鐘版本和三分鐘版本。不管是哪個版本，由於時間有限，所講的內容都必須圍繞求職職位來進行，把那些跟職位無關的話過濾掉。

職業化原則

在求職的過程中，一定要讓我們的語言具有職場色彩。很多人在做自我介紹的時候，說話不夠專業，導致別人認為你不適合在職場混。例如，一個人自認為溝通能力好，他自我介紹說：「我很會講話。」這就是不夠專業的表現。要讓自我介紹有吸引力和張力，就必須用職場的語言。

自我介紹的具體內容及表達技巧

了解自我介紹的三個原則之後，接下來我們來了解一下出色的自我介紹應該講哪些內容。具體的內容，分成一分鐘版本和三分鐘版本來介紹。

自我介紹的具體內容

從以下兩張表格可以看出，一分鐘版本的重點是要言簡意賅地表達你與職位相關的重要經歷和優勢能力，不用面面俱到。三分鐘版本則可以做適當的延

表 4-2　一分鐘自我介紹的內容

順序	內容	目的
1	總括自己的個人資訊	讓對方了解你
2	個人重要經歷、業績＋重要優勢能力（與職位相關的）	讓對方知道為什麼你比別人更適合這個職位
3	表達願景	喚起對方對你的興趣

表 4-3　三分鐘自我介紹的內容

順序	內容	目的
1	總括自己的個人資訊	讓對方了解你
2	介紹自己的經歷，包括工作經歷、項目經歷、工作業績等	讓對方了解你的工作經驗和過往的成功經歷
3	介紹自己的能力和優勢	讓對方知道為什麼你比別人更適合這個職位
4	個人興趣愛好、特長	讓對方了解你工作之外的另一面
5	表達願景	喚起對方對你的興趣

伸，可以在個人經歷和優勢能力方面講更多的內容。

自我介紹的表達技巧

了解自我介紹的內容之後，接下來進行重點分析，關於自我介紹各方面內容的表達技巧。

❶ **總括自己的個人資訊**：相對來說，這方面可以講得簡單點，但是重點要突出。最好講一下你的個人基本資訊、學習經歷、性格特點等。

❷ **個人經歷**、**業績和優勢能力**：在這個環節，一分鐘版本最好能結合個人經歷、業績和優勢能力，並且語言必須簡練。例如，你曾經做過啤酒推銷工作，你要向面試官展示你的能力，就可以說：從二〇一五年一月至今，我曾在〇〇公司從事啤酒推銷工作，有兩年多的推銷工作經驗，曾經一個人一天推銷了十箱啤酒，在所有銷售員中排名第一。這樣的經歷，鍛鍊了我與人溝通交流的能力和抗壓能力。我覺得我過往的推銷工作經驗以及我的能力，可以幫助我勝任這份工作。

三分鐘版本最好能將你的個人經歷和優勢能力分開來講。這時候，最好能夠講得盡量全面並突出重點。那要怎麼做到這點呢？最好是圍繞職位的要求來說。例如，你應徵的職位是會計，那麼最好介紹一下你之前所在公司的基本情況，突顯所在公司的行業地位，介紹你之前做了哪些會計工作，取得了哪些業績等，最後再說你應徵這個職位比別人優秀的地方。

❸ **個人興趣愛好**、**特長**：一分鐘版本由於時間的限制，可以不講這一部分。個人興趣愛好、

特長一定要講那些積極向上的內容，而且最好能講跟你應徵職位相關的內容。

❹ **表達願景**：表達願景主要是用來結束自我介紹的，可以講一下你對應徵公司和職位的渴望，以引起面試官的興趣。

自我介紹範例

相信大家看了上面的自我介紹表達技巧，會對自我介紹有更多的認識。接下來，針對一分鐘版本和三分鐘版本分別舉例說明，以便讓大家對這些技巧有更加直接的認識。

一分鐘版本

您好！我叫〇〇〇，很高興有這個機會面試貴公司的業務職位。我二〇一二年畢業於〇〇大學行銷系。台中人。**（個人資訊）**

畢業之後，我就一直在〇〇公司從事業務工作。在將近四年的時間裡，我一步步走到了業務主管的職位。在這過程中，我開發了將近十個大客戶，年平均銷售額三百萬元，在公司排名第二。面試這個職位，我覺得我的優勢有以下三點：第一點，溝通能力強，能夠順利地和客戶打交道；第二點，抗壓能力強，能夠承受高業績帶來的壓力，並且調節好自己的情緒；第三點，有過成功的大客戶開發經驗，擅長專案管理。**（經歷、業績、優勢）**

我非常欣賞貴公司的企業文化，而且這個職位也是我非常喜歡的，希望能夠有機會進入公司，謝謝！（**表達願景**）

三分鐘版本

您好！我叫○○○，很高興有這個機會面試貴公司的外貿職位。我二○一○年畢業於○○大學英語系。台南人。（**個人資訊**）

大學畢業之前，我就一直很喜歡外貿相關的工作，所以畢業之後，透過校園招聘進入了○○股份公司做外貿工作。這家公司的產品是LED顯示器，公司是LED顯示器行業的龍頭企業。我在這家公司主要負責產品訂單的下單、跟進、接待客户以及處理訂單的異常情況，保證產品按時出貨。工作期間業績優秀，曾被評爲公司最佳新員工。工作兩年之後，由於公司搬遷，所以我離開了這家公司，來到另一家公司繼續從事外貿工作。這家公司我也非常喜歡，工作內容跟上一家差不多，但是更具挑戰性。透過這幾年的磨練，我漸漸成長，對外貿相關流程非常熟悉，在這個領域也能夠獨當一面了。在外貿工作方面，我具有以下能力與優勢：第一點，英語表達能力強，具備口語交流能力及相關書面應用能力，能夠透過英文郵件與客户交流；第二點，擅長團隊合作，具有較強的抗壓能力；第三點，外貿相關的問題，我能夠積極地解決並提出改善建議。我相信這些過往的工作經驗和能力，一定能讓我勝任這個職位。（**經歷**、**業績**、**優勢**）

關於我的個人愛好，我平時比較喜歡看英文書籍，以此來提高自己的英文水準，希望可以更好

地幫助到自己的工作。週末也會去爬爬山，打打羽毛球，力求做到勞逸結合。（**興趣愛好**）

外貿工作是我非常喜歡的職業，從畢業到現在一直沒有變過，將來也希望可以繼續從事這個職業。期望可以得到貴公司的青睞，與貴公司一起成長，謝謝！（**表達願景**）

關於自我介紹，大家可以根據這些版本，填補自己的內容。當然，你也可能有更好的表達方法，希望這些內容可以幫助到大家。

問答：如何將面試問題回答到面試官的心坎裡去

「我已經面試了十家公司，可是依然無法獲得一個offer。」小張跟我抱怨。

我便細問他關於面試的情況。

「基本上都是面試了十幾分鐘後，ＨＲ就問我是否有什麼問題想問他，然後就叫我回去等通知了。」小張說。

我拿起他的履歷掃視了一遍，面試的職位是市場部主管。其實他的履歷寫得很不錯，而且工作經歷也非常豐富。很難想像他面試了十次都沒有拿到offer。

我說：「那就來一次模擬面試，看看你的問題所在。」

模擬之後，我就知道了他的問題點，因爲他無法透過言語把自己最眞實的水準展示出來。

無論你過往的經歷多麼豐富，無論你有多麼厲害的技能，無論你的履歷寫得多麼好看，如果你在與ＨＲ交流時無法讓對方感受到你的誠意，無法讓你的言語擊中對方心靈深處，也許你也會跟小張一樣，無論面試多少次，都將面臨同樣的結局：淘汰。

面試是一種典型的面對面溝通形式。要想面試成功，你就要讓面試官打從心底接受你，也只有打動面試官，你得到 offer 的機會才可能大大增加。面試的過程，其實就是你和面試官心與心碰撞的過程。你越能把話說到面試官的心坎裡，他對你的接受程度就越高，你就越能打動面試官，你面試成功的機率也就越大。畢竟，一次高品質的面試，就是一次「走心」的過程。

那麼要如何將面試問題回答到面試官的心坎裡去呢？

▼▼▼了解面試官內心真正想要的是什麼

小張無法獲得 offer，其實在我聽了他的模擬回答之後，我一點也不詫異。比如，我問了小張一個問題：「你過往最有成就感的一件事情是什麼？」小張的回答是：「從大學畢業後到現在，我覺得我最有成就感的一件事是大學的時候，我參加了一個創業大賽，作為該項目的負責人，我帶領我的團隊披荊斬棘，過五關斬六將，最終奪得了大賽冠軍。在比賽過程中出現了很多問題，但我們最終都克服了，並且取得了最好的成績。」

這樣回答錯了嗎？沒有。只是這樣的回答未能講到面試官的心坎裡去。對於面試官來說，他所問的任何問題都不會白問，任何一個問題都是為了驗證你是否能夠勝任這個職位，同時預測你能夠給公司帶來多大的價值，所以面試官真正希望聽到的是，你能夠圍繞你應徵的職位來回答問題。

小張的回答是大學時的一件事，這件事也許是他最有成就感的事情，但他畢竟已經工作多年，且已是主管，難道他工作之後所做的事情中，就沒有一件是值得他自豪的嗎？如果沒有，說明他在過往的工作中並沒有什麼優秀的成績。總之，在回答任何一個面試問題的時候，都要講跟應徵職位相關的事情，這會讓你的回答更能夠打動面試官的心。

用結構化方式回答面試官的問題

面試官問了那麼多問題，就是想要得到他需要的資訊，所以你要把他當成你的客戶，讓客戶能夠不費力地從你的口中獲取資訊。要做到這點，就要學會用結構化方式來回答問題。

有些人回答的內容又多又雜，看似口才很好，其實雜亂無章，讓面試官找不到重點。用結構化方式來回答問題，可以幫助你解決這些問題。結構化是指，把一個複雜問題的求解過程分階段進行，而且這種分解是自上而下，逐層分解，使每個階段處理的問題都控制在人們容易理解的範圍內。比如，我問了小張一個問題：你覺得你應徵市場主管有什麼優勢？

小張回答說：「我覺得自己的學習能力很強，給我一項新的任務，我總能很快上手。工作之餘，我自己也經常在業餘時間學習。還有我的執行能力比較強，上級交給我的事情，我總是能夠及時完成。還有我覺得自己有較強的團隊管理能力，能夠把一個團隊打造成有凝聚力、有執行力的團隊。」

先不論小張回答得怎麼樣，如果是你，聽了他的回答之後，會有什麼感覺？是不是覺得多且雜，找不到重點？

其實仔細分析，就會發現小張說了三個優勢。如果換一種說法，或許會很不一樣。

例如，小張可以這樣回答：「面試市場主管這個職位，我覺得我有以下幾個優勢：第一，學習能力強。上級安排新的任務給我，我總是能夠很快上手。平時也經常在業餘時間學習。第二，執行能力強。上級交給我的事，我總是能夠及時辦到。第三，團隊管理能力強。善於打造團隊凝聚力、執行力。」

我沒有改變他回答的內容，只是用結構化方式來回答，給別人的感覺就不一樣。

結構化方式最常用的方法就是「數位化」，把你所講的事情分成三點或四點，這會讓你的回答很快擊中面試官的心，畢竟，沒有什麼比回答得清晰到位更容易打動面試官了。

▼▼▼回答必須顯得有血有肉

很多人說話無法打動人，他們的語言總是乾巴巴的。在回答面試問題時，如果你的語言也是乾巴巴的，同樣無法打動面試官，也可能會給別人一種造假的感覺。

要讓你的回答顯得有血有肉，那就要學會在每回答一題之後，都舉一個相關的例子。

例如，我問了小張一個問題：如果你和你的上司意見不一致，你會怎麼做？

小張回答說：「一般來說，我會看看自己的意見是否比上司的更可行。如果我覺得我的意見更好，我會跟上司溝通，以徵得上司的同意。但如果上司堅持自己的意見，我也會尊重並去執行。」

這是一種標準化的回答，看似很完美，但其實會讓面試官覺得你不夠真誠。如果能夠透過實際的例子來佐證，那會讓你的回答更加有血有肉。

例如，可以這樣回答：「我在上一家公司工作的時候，曾經遇過類似狀況。那時我們要舉辦一場推廣活動，上司的意思是要在五星級酒店的室內舉行活動，而我的建議是在戶外。剛開始我的上司非常堅持自己的觀點，後來我透過不斷地收集資料，證明了在戶外舉辦活動會更有利於活動的進行，同時影響力也會更大。最終上司接受了我的意見。當然，如果上司始終不接受我的意見，我也會按照上司的意見來執行。」

透過一件你經歷過的事情來回答問題，威力遠比你只是單純地講理論要更大。就算你前面講理論，也要學會在最後講一個你經歷過的真實事例來佐證你的觀點，這會讓你的面試回答具有殺傷力。

將面試問題回答到面試官的心坎裡去，最關鍵的是要了解面試官在問每一個問題時背後的真正意圖是什麼，然後你的回答都要圍繞這個意圖來進行。也許你會說自己功力不夠，尚不足以猜透面試官的心，那就要記住一點：永遠圍繞你所應徵的職位最看重的能力、素質，或你能透過這個職位為企業創造什麼價值來回答，這樣永遠不會錯，因為這才是面試官最想要的。

把話說到面試官心坎裡的程度，決定了你面試成功的速度！

對於求職的你來說，面試的過程，其實就是你走進對方內心的過程，學會把話說到面試官的心坎裡，你就會得到不一樣的結果。

知己知彼：如何提升面試成功率（一）

面試是求職者和企業相互選擇的過程。在面試前，有必要先了解整個面試的流程，以便讓我們做好萬全的準備工作。

面試流程

在電話面試前，一般HR會先把你的履歷給用人部門看一下，初步判定是否可以約面試。如果用人部門覺得可以，HR會進行電話溝通，最終確定是否需要約面試。面試表現將決定你是否能夠進入企業工作。企業的面試流程一般是這樣的：

初試

在初試環節，很多大型企業都會安排專業考試或性格測試，特別是對於一些專業知識要求比較高的職位，例如研發職位、財務職位、人力資源職位等，此時就算你面試的是經理職位，可能還是需要進行專業考試。

專業考試之後，就進入了初試環節。初試一般是由人力資源部門的專員負責。

複試

初試合格之後，就進入複試。關於面試官，一般會根據不同的職位來選擇。如果是經理級別的職位，一般人力資源部門負責人和用人部門直屬上司會參與；經理級別以下的職位，一般是人力資源部門主管、用人部門主管來面試。由於面試人員的設置受企業規模和企業具體情況的影響，在這裡不做過細的陳述。

終試

進入終試，說明你離應徵的職位只有一步之遙了。一般經理級別以下職位或非核心職位，是用人部門經理或直屬上司面試；經理級別以上職位或公司的核心職位，由總經理或董事長來面試。

以上的流程並不是固定的，很多企業只有初試和複試。流程可能會變，但面試人員基本上是不會變的。如果流程縮減，有可能是把終試和複試的面試人員安排在一起進行多對一的面試。

相應的職位和面試官對應表如下：

各個階段的面試問題

在面試的每個階段，由於面試官不一樣，所以面試的問題也不一樣。正規的大型公司，每個階段的面試官都會有不同的任務。

初試考察內容和題目

這個環節主要由ＨＲ核實面試者的基本情況（如學經歷、工作背景、工作內容等），初步評判個人能力、素質等是否符合職位要求以及企業文化。一些資深的ＨＲ還會根據你的性格特點、做事風格，來判斷你是否能夠跟你未來的直屬上級相處。然後他們會綜合評判，剔除明顯不合適的人員。初試是你能否進入公司的第一關。

初試的ＨＲ是第一個接觸到你履歷的人，有三件事情是他一定會做的。第一件，根據你的履歷，結合企業的招聘要求，判斷你和職位要求的匹配程度；第二件，對你的履歷所描述的事情進行真假的辨別；第三件，對你履歷的一些特殊情況進行了

表4-4　職位與面試官對應表

職位	初試	複試	終試
一般職員	人力資源專員	人力資源主管 ＋ 用人部門主管	用人部門經理
主管	人力資源專員	人力資源經理 ＋ 用人部門經理	直屬上司
中高層管理人員、技術研發人員及公司所需的特殊人才	人力資源專員／人力資源主管	人力資源經理 ＋ 用人部門直屬上司	總經理／董事長

解，如工作經歷的空白期（如懷孕、生病導致的工作中斷）。

以上三點，主要透過一系列的面試問題來進行確認。在這個階段，HR會問的問題如下：

（有些問題涉及個人隱私，因此面試官不一定會詢問以下所有問題，只是在此處盡量列出求職者可能會被問到的問題，讓求職者做好萬全準備。）

表4-5 初試考察項目和題目

整體項目	重點考察	問題範例	目的
基本資訊	個人總體情況	請你做一個一到三分鐘的自我介紹。	是否與履歷描述一致？表達是否邏輯通順，有條理、有重點？
	家庭情況	是哪裡人？家庭主要成員有哪些？父母或配偶在哪裡工作？	
		目前住在哪？是租屋嗎？到公司需要多久時間？	側面了解穩定性及個人經濟情況。
		是如何選擇工作地點的？	了解求職關注點，側面了解穩定性。
		家人或同學或要好的朋友在哪裡工作？	
		配偶或父母對你的工作地點有什麼意見？	
	教育背景	哪一年畢業的？是讀夜間部嗎？	了解求職者的學歷含金量。
		在學校的學習成績怎麼樣？班級排名？拿過什麼獎學金？	了解求職者的學習力。
		在學校擔任過什麼職務或參加過什麼社團活動嗎？主要職責是什麼？	考察求職者的主動性和組織能力等。

	離職原因	在上一家公司的入職時間和離職時間？	核對工作經歷的完整性、真實性。
		上一家公司有哪些你不滿意的地方？	了解離職原因、其流動性及價值觀。
		目前薪資是多少？薪資結構是怎樣的？期望薪資是多少？	了解求職者與企業的匹配度。
求職動機	求職動機	找工作找了多久？有沒有收到offer？	了解其找工作的能力，從側面判斷其是否受歡迎。
		下一份工作最看重什麼？是薪資、行業、公司前景、工作氛圍、企業文化，還是是否加班？	了解期望值，判斷公司是否能夠提供其主要關注的點，判斷其是否能夠穩定長期地發展。
工作經歷	工作經歷	在上一家公司是什麼職位？在哪個部門？	判斷其所處的公司規模、職位高低，與履歷的符合度。
		組織架構是怎樣的？	
		工作向誰彙報？管理幾個人？如何分工？	
		在上一家公司的職位職責有哪些？	判斷履歷真實度，與公司職位職責符合度。
		主要工作成果或業績有哪些？請舉例說明。	了解求職者過往的優秀表現。
素質	主動性	在上一家公司做了哪些有助於提高創造性的事情？	考察是否有主動性和創新意識。
	責任心	如果在工作中出現了差錯，如何處理？	考察其發現問題時能否積極處理。
		工作中遇到職責以外的事情時，如何處理？	
	成就導向	談談以往職業生涯中令你最有成就感的一兩件事，並說說它給你的啟示。	了解求職者的工作優勢。
		過去一年裡，給自己定了哪些個人目標？為什麼要定這樣的目標？	考察是否有細分目標及實現情況。

	學習力	你是怎樣有意識地提高自己的工作技能、知識和能力的？用什麼辦法來實現這一目的？	了解學習能力。
素質	溝通協調	假如你目前正在處理一件比較緊迫的事情，這時另外一個客戶找你，希望你立即趕過去，你會怎麼處理？	考察其溝通能力和協調性、靈活性。
		曾經遇過最有挑戰性的溝通方面的事情為何？為什麼認為那次經歷對你最富有挑戰性？你是怎樣應對的？	
	人際關係	在長途旅行的火車或飛機上，你不認識周圍的人，大家都很沉默，你會如何去適應這種陌生環境？	主要考察處理人際關係的能力。
		遇到陌生客戶，你通常會透過什麼方式與他取得聯繫？你會如何與他逐步建立關係？這個過程中你會做哪些事？	
	堅韌性	談談你以往經歷中感到最有壓力的一兩件事，並說說是如何克服的。	了解堅韌性、抗壓性。
職業規劃	行業理解	你對此職位的發展前景怎麼看？	
	職業規劃	未來三到五年你的職業規劃是什麼？	
個性特徵／自我認知	自我評價	請用三到五個形容詞描述一下你在他人（上司、同事、朋友）心目中的印象或評價。	自我評價是否過高或過低。
		評價一下你的性格，優點和缺點是什麼？	
	其他	平時週末或下班的時間是怎麼安排的？有什麼活動？有哪些興趣嗜好？這些嗜好占用你多少業餘時間？	將求職者的興趣分為身體接觸對抗型、不接觸、對抗型、非競爭型、靜止型、獨享趣味型等，再進一步分析。
面試過程中，HR會結合求職者的語言、表情、姿勢、肢體語言、眼神接觸、聲音音調等，綜合考察其邏輯思維能力、溝通表達能力、協調合作能力等。			

複試考察內容和題目

複試一般是專業面試，由用人部門主導，根據所招聘職位來選擇面試者。複試主要對應徵者的專業能力和個人素質進行考核，重點在於職位適應性和專業技能。考察範圍如下表：

終試考察內容和題目

終試面試官一般為用人部門經理、直屬上司以及公司的總經理、董事長，全面考核應徵者的素質及專業技能，分析應徵者未來在公司的可發展性，確認其職位匹配性，所以這個階段並沒有固定的面試問題。

表4-6 複試考察項目和題目

整體項目	重點考察	問題範例
專業能力	專業背景	詳細描述你之前的工作職責和流程。
	專業知識	介紹一下你自己最熟悉的專業領域。
	專業技能	一般來說會出一個工作上的難題，看你的解決思路。
	從業經驗	介紹一下自己最成功的一次專案操作經歷，包括專案開發背景、人員分工及職責等，期間發現了什麼問題？怎麼解決的？自己的貢獻與思考是什麼？
	工作成果	你最大的工作成果是什麼？是如何獲得的？
個人素質	職業興趣	這份工作中，你最感興趣的是哪方面？你為什麼喜歡這個工作？ 你未來三到五年的職業規劃是怎麼樣的？
	學習能力	你在上一家公司最大的收穫是什麼？ 分享一下你印象最深的一本書。 你近期有沒有什麼培訓計畫或學習計畫？
	客戶導向	很多人都把客戶服務的重點放在處理客戶投訴上，你認為這種策略的問題是什麼？
	團隊合作	請描述你經歷過的跨部門合作時發生衝突的案例。
	溝通協調	同時有幾個維修點的機器壞了，客戶找上你，你會怎麼處理？

▼▼▼ 提升面試成功率必須要做到的

以上的面試題目，並不是每一題都會被問到，除了準備一些可能會被問到的問題之外，還應該做到以下幾點：

❶ 熟知你的履歷

你必須對履歷的每一個事項都非常了解，因為面試官都是透過你的履歷來進行提問，只有知己，才能得心應手。

❷ 知道自己為什麼能勝任這個職位

面試官是站在「判斷你是否能夠勝任」的角度來面試的，所以你也可以站在這個角度，時刻問自己：「我應徵這個職位的優勢在哪裡？我具備相對應的知識、能力和素質嗎？」如果你對這些都很清楚，那就能夠應付九十五％以上的面試問題。

❸ 用結構化方式回答面試題

當面試官把問題拋給你時，他們希望你能夠清晰地回答他的問題。要做到這一點，可以採用結構化方式來回答。例如被問到：你對加班怎麼看？你可以這樣回答：「我能接受加班，但我不贊成無緣無故的加班。第一，對於不可避免的加班，如有些案子比較急，可以接受加班；第二，對於可以避免的加班，我絕對不贊成。」以結構化方式回答面試問題，會讓面試官對你刮目相看。

自我修煉：如何提高面試成功率(二)

大學生李曉從大四第一學期開始就不斷地投履歷，也得到了很多面試的機會，可是最終他收到的offer卻寥寥無幾。李曉很苦惱，感覺在面試的過程中自己表達得很好，跟面試官互動得也很好，可就是沒辦法獲得他們的青睞。

我問他：「你面試的是什麼職缺呢？」

「我面試的職缺很多啊，有銷售、有人力資源、有品管。」

我看了一下他的履歷，覺得以他過往的經歷來看，最適合的職位是財務類，因爲他學的是財務管理專業，實習的職位也是財務，獲得的證書也是財務類的，一切的指向都和財務有關。可是，他就是不喜歡做財務工作。

我告訴他：「在你過往的經歷中，你做得最成功的事情就是做財務，你的知識和能力也集中在財務上，如果你喜歡做銷售，不如去應徵一下跟財務有關的銷售職位，一定馬上成功。」

他眞的按照我說的去做了，他去了一家會計師事務所面試銷售職位。回來後他告訴我，公司在面試結束後就當場錄用了他，並且薪資也超出他的預期。

很多時候，你面試不成功，不是你的能力不行，而是你根本就沒有站在企業的角度去考慮他們想要什麼樣的人。面試其實就是銷售自己的過程，你越能滿足企業的需求，你就越搶手，你的「價錢」也就越高。

我們都有去百貨公司買衣服的經驗。有一天你想去百貨公司買一件長袖襯衫。到百貨公司後，你進了一家運動商品店想要隨便看看，運動商品店的店員不停地向你推銷他們的鞋，可是你想要買的是衣服，所以無論店員怎麼推銷，你都不會買。

接著你來到了一家賣西裝的店，店員極力向你推銷西裝，說他們家的西裝布料很好，還讓你試穿了西裝，你也覺得很合身，但是你突然想到：我今天要買的是襯衫，不是西裝。所以你決定還是不買了。接著，你來到一家賣襯衫的店，你看到一件很好看的襯衫，你很想買，因為這件襯衫無論是顏色、布料、樣式都很符合你的要求，你有點猶豫是因為價錢大大超出了你的預期。店員似乎看出了你的心思，向你推薦另一件便宜的襯衫，可是你不喜歡，儘管它比前一件便宜了一半。你想了很久，還是決定買下那件適合你並且你喜歡的襯衫，雖然價錢貴了一倍。

你決定買一件東西，很多時候不是因為它的價錢便宜，而是因為它能夠滿足你的需求，創造你想要的價值。更多的情況是，人們傾向於用高價錢來買高品質的東西。其實企業在徵人的時候也是一樣。如果你的工作經歷、經驗、能力很符合企業的要求，企業就會決定錄用你，就算你提出的薪資稍高，他們也會為你去爭取。

有一個朋友，他去一家公司應徵培訓主管。這個職位他面試了三輪，第一輪是經理面試，第二輪是總監面試，第三輪是去試講。在面試的過程中，他表現出極高的專業素養和紮實的專業知識，而這家公司要找的是一個既能組織培訓又能講課的培訓主管，這個朋友非常符合其要求。面試結束後，這家公司非他不可。剛開始這家公司開的薪資是四萬五千元，但是朋友的期望是五萬五千元，所以一開始沒有談成。後來公司的總監打了很多次電話給這位朋友，誠意邀請他過去上班，薪資最終爲試用期五萬元，過試用期後是五萬五千元。

很多企業都是實施「寬頻薪酬制」，也就是一個職位的薪資範圍是浮動的，他們會根據你的實際情況來確定你的薪資水準，你越是他們需要的人，那面試的成功率就會越高，薪資也就會越高。

所以薪資歸根究柢不是由企業決定的，而是由你決定的。很多人面試時，都喜歡站在自己的角度來展示自己，但如果你不是企業想要的人，那麼無論你怎麼賣弄自己過往的輝煌戰績，對企業來說都毫無意義。因此，如果想提高面試成功率，獲得高薪，就必須想清楚企業想要什麼樣的人，以及自己能夠為企業創造多大的價值。

創造價值是提高面試成功率、獲取高薪的基礎

前面提到，面試的過程就是銷售的過程，我們就好比是一個產品。產品的價格是由價值決定

的，也就是說，價格的高低，取決於產品本身的價值。

工作中的價值，也就是績效。企業往往透過績效考核來對一位員工的價值進行評判。美國著名心理學家麥克利蘭提出的「成就動機理論」指出，員工的績效往往由知識、行為、技能和其擁有的資質，以及社會角色、自我形象、特質和動機來決定。

所以想要面試成功，同時也想讓企業給出高薪，那就要從各個方面來提升自己，提升自己創造價值的能力。

舉個例子來解釋一下。小偉想面試某全球前五百強企業的人資專員職位，主要是做績效工作。他如果想通過這個面試，首先就需要具備人力資源方面的專業知識，懂得使用各種績效考核辦法和工具，熟悉績效考核流程。其次，他還需要在自信心、溝通能力等方面有較高的水準，因為這些都是一個績效專員能夠創造價值所必需的條件。

面試前，要先弄清楚應徵的職位需要哪些能力和素質，看看哪些已經具備了，哪些還沒有具備，再針對性地去提升。只有做到了這一點，才有可能面試成功、獲取高薪。

▼▼▼賣結果比賣能力更容易獲得面試官的青睞

在面試過程中，大部分求職者都還處在面試的初級階段，其表現在：只說自己的能力、優勢是什麼，卻不說自己能為企業帶來什麼結果、創造什麼價值。

有個朋友去面試國際銷售工程師。他的銷售能力很強，連續三年都是公司的銷售冠軍。

有一天，他想跳槽到另外一家公司，用意是想找一個更大的發展平臺。在面試的過程中，他對面試官說：「我與人溝通能力很強（他舉了一個例子），抗壓能力很強（他也舉了一個例子），英語表達能力流暢。」

其實這三種能力都是一位優秀的國際銷售工程師必備的。但是他如果能夠說出自己能為企業帶來什麼結果，可能會比他說擁有什麼能力更有說服力。例如，他可以說：「過去連續三年我都是公司的銷售冠軍，我相信我的能力（列舉能力），能夠讓我勝任這個職位。」

企業找你進來做銷售，他們想要的就是最終的銷售結果，而不是你的能力。雖然能力是結果的基礎，但是如果你能夠直接表達出結果，效果會更好。例如，你想賣一個治療失眠的枕頭給客戶，你跟客戶說這個枕頭具有按摩功能，能夠促進他的睡眠品質，效果就比不上你跟客戶說，這個枕頭能讓你在十分鐘之內快速入睡。

賣結果永遠比賣能力好！

你越靠近面試官想要的結果，面試成功的機率就越大。當面試官透過對你的了解，確定你將來能夠達成他們想要的結果時，你就成功了。

▼▼▼面試官只會為成功經驗買單

幾乎所有的面試都是基於一個定律：你的過去是怎樣的，將決定你的未來會怎樣。因為面試官通常是透過你過去的某一件事，來判斷你是否符合他們的職位要求。你過去曾經出色地完成某一件事，意味著你將來也可以出色完成；你過去全部是失敗的經歷，那意味著你的將來也是失敗的。雖然這樣判斷過於絕對，也是我比較反對的，但不可否認，基於你過去的成功，來判定你將來也可能成功，是比較穩妥的面試辦法。因為一個人能成功，說明他在這方面的能力、素質也是比較優秀的，而這些因素都是相對穩定的，所以他將來做同樣的事情，也應該可以成功。

因此面試官只會為你的成功經驗買單，如果你想成功應徵某個職位，獲取更高的薪資，你最好要有成功經驗。如果你在工作中尚未積累成功經驗，那你可以在業餘時間去學習、接受培訓來積累成功經驗，這會對你的求職有很大的幫助。

總之，無論是大學生還是在職人員，在面試前都一定要總結一下，在你過往的工作中，做得最成功的一些事情是什麼，而這些事情最好是你獨立完成的。這將幫助你在面試的過程中佔據有利地位。

面試是你和企業討價還價的過程，所以首先你必須是一個好產品，然後再將你具有的能力、優勢闡述出來，告訴企業你是可以滿足他們的需求的。只有這樣，你才能將自己「賣」出去，並且「賣」個好價錢。

投其所好：如何讓你的提問變得有價值

有個朋友去面試品管職位，面試之後告訴我，他的面試掛掉了。我問他：「怎麼，面試過程不順利？」

他說：「不是。過程滿順利的。」

我就好奇了，既然面試過程很順利，那結果應該還可以才對，所以我繼續問他：「那是因爲薪資談不攏？」

他搖了搖頭，說：「還沒有到談薪資的階段，我就被結束了面試。」我更好奇了，問他：「既然面試過程很順利，又怎麼會沒談到薪資呢？」

他看著我，委屈地說：「因爲最後面試官問我還有什麼問題要問的，我問了一個問題，然後面試官似乎很生氣，就這樣掛了。」

我問他：「是什麼問題呢？」

朋友都快哭出來了，他說：「我問他公司去年的營利是多少，本來想了解一下公司的整體運轉情況，誰知道面試官一聽到就反問我，你這個職位問這個問題做什麼？我一聽就愣住了，完全沒有想到他會反問我。之後，他就結束了面試，叫我回去等通知。」

我為我這個朋友感到惋惜，但他問這個問題，確實給他自己扣分了，一方面這個問題跟應徵這個職位沒有任何關係，另一方面還很容易讓別人覺得你是來套公司商業機密的。特別是一些非上市公司，這些有關銷售利潤的資訊都是高度保密的。

我說：「你怎麼不問其他問題？」

朋友說：「每次面試，我都很怕面試官問我這個問題。我本來不想問這個的，但覺得問一些薪資方面的問題太low了，想說問高端一點的，結果反而弄巧成拙了。」

其實很多人在求職面試的時候，都跟我的朋友一樣，最怕被面試官問到：你有什麼問題想問我的嗎？

這個問題看似簡單，但其實回答起來很有難度。如果你說沒有，面試官會認為你對公司沒有興趣或者根本就沒有準備好；如果有，你問的問題將有可能決定你是否會被錄取。例如，很多人會問，這個職位的薪資是多少？這樣問，雖然問題不大，但其實沒有給你的面試加分，甚至還可能扣分，面試官會認為你比較看重薪資。似乎大部分面試官都不喜歡只問薪資的求職者，特別是應徵職位的級別越高，越是如此。

那麼該如何提問，才能夠更好地幫助到我們的面試呢？首先，來了解幾個提問的原則。

面試提問的原則

盡量提問原則

關於是否有問題要問面試官，其實你可以說沒有，但很多時候是在你對這個職位沒有興趣的情況下。如果你對這個職位還有興趣，就要盡量提問。

符合職級原則

如果要提問，就要問跟職位有關的問題，並且要問跟你的職位職級相符合的問題。例如，如果你是一般員工職位，就不要問公司的發展策略問題；如果你是總監職位，那麼最好不要問薪資的問題，企業對你有興趣的話，自然會主動跟你談，不用你主動問。

適量原則

提問題是提高你面試成功率、擄獲面試官的有效手段。如果你問的問題很有含金量，面試官會對你刮目相看，所以一定要利用好這個機會。

一般來說，問題數量應該適宜，以三到五個為好。

如何讓你的提問有價值

一個好的提問，會讓面試官對你的印象加深，甚至能夠在瞬間決定你是否會被錄取，所以面對這樣的機會，你一定要好好把握。

盡量不問薪資問題

其實對於HR來說，薪資問題就是一個偽議題。企業對你有興趣的話，就會主動跟你談薪資，不用你主動問，所以最好不要問薪資問題，等HR來主動問你吧。如果企業錄取你，又不跟你提薪資，那這家公司肯定有問題。

問跟職位相關的問題

HR通常喜歡求職者問跟職位相關的問題，例如工作內容、彙報關係、發展空間、工作的角色定位、上司對這個職位的期望等。比如有一次我們要招聘一個績效主管，有一個求職者就問我們現在的績效做到什麼程度了，在實施的過程中有沒有遇到什麼問題，最後他根據我們的問題，提出了他的見解和解決方案。在這個環節中，他非常主動積極，加深了我們對他的了解。最後，我們錄用了他。所以問跟職位相關的問題，會讓面試官覺得你的心思至少是在工作上。

問跟公司相關的問題

如果你面試的是管理職位，那你的問題最好是跟公司相關的，例如公司的組織結構、所在部門的組織結構、公司的培訓機會、公司的企業文化、公司所在行業的發展趨勢等。如果你做了功課，還可以針對公司的一些新聞來發表你的看法，跟面試官證實這些新聞的來源，也聽聽面試官對這些新聞的看法，一方面可以表明你在關注公司，另一方面也表明你有獨立思考的能力。

不問傻問題

什麼是傻問題？就是問了等於沒問，或是問了只會扣分的問題。傻問題一般包括三種：第一種是自討沒趣的問題，例如你去面試品管職位，你問公司的產品品質是否出現過什麼問題。第二種是求助類問題。有些人為了表現自己的謙虛，在面試之後，就問面試官自己今天的表現怎麼樣，希望對方能夠指出自己的缺點，以便改正。問這些問題的人，往往都會給別人沒自信或沒有自知之明的印象。第三種是跟求職完全無關的問題。有些人把求職當成了自己的救命稻草，希望公司能夠解決自己的所有問題，例如，問公司是否可以解決伴侶的工作，是否可以提前發薪資來解決自己的實際困難等。

為了幫助大家更容易把握問問題的角度，在這裡我整理了部分問題，供大家參考：

❶ 關於面試職位的問題

1. 能不能介紹一下這個職位的工作職責？
2. 這個職位所在部門的組織結構是什麼？
3. 這個職位目前面臨的挑戰是什麼？

❷ 關於公司的問題

1. 公司的策略規劃是怎麼樣的？（如果你是中高層職位）
2. 新員工進來後，公司是否有系統的培訓？（適合初入職場者）
3. 如果我在這家公司做了三年，公司會怎麼考慮我的發展？

❸ 關於面試者本人的問題

1. 如果我進入公司，公司對我的定位是怎樣的？
2. 我將要做的事情，目前做到什麼階段了？（趁機談談你的想法）
3. 你希望我來公司解決什麼問題？（趁機再銷售一下自己）

Chapter 5

跟上司如何溝通才有效

要點提煉：

① 跟上司彙報工作，可以總結為四個字：來龍去脈。要讓上司了解這件事的來源，還要讓他知道這件事跟他彙報後，結果會怎樣。

② 溝通方案的最終目的就是讓老闆通過方案，所以你在提交方案之前，對老闆喜歡什麼，看重什麼要有了解，在做方案闡述的過程中，要著重闡述老闆看重的事情。

溝通工具：

① 過程彙報的公式——現狀＋進度＋存在困難和問題＋解決的思路＋未來行動計畫

② 方案審核溝通公式——方案闡述＋方案優劣＋建議＋結果

③ 跟力量型上司溝通三支柱模型（見圖 5-1）

④ 跟社交型上司溝通三支柱模型（見圖 5-2）

⑤ 跟和平型上司溝通三支柱模型（見圖 5-3）

⑥ 跟完美型上司溝通三支柱模型（見圖 5-4）

拆掉阻礙你跟上司溝通的心理之牆

朋友P跟我分享了他跟上司溝通的故事。

他剛到一家公司做財務主管的工作，直屬上級是老闆。朋友P是一個和平型性格的人，平時喜靜不喜動。他的財務專業能力很強，所以在面試的時候，給老闆留下了很深刻的印象。老闆對他的印象非常好，希望他能夠把公司的財務管理體系建立起來。

可是，老闆越是看好朋友P，朋友P越覺得心虛，因爲他覺得自己不善言辭，不夠自信。老闆經常叫他到辦公室彙報工作，他每次都很害怕，因爲怕自己說錯話，這樣自己在老闆心目中的美好形象就毀了。可是他越擔心，事情就越往壞的方向發展。有好幾次他跟老闆溝通時，都是膽戰心驚，結果洋相百出。

朋友P與老闆溝通的心理之牆，成了他們順暢溝通的巨大阻礙。

還有一個朋友，和朋友P的情況非常相似。他畢業於中山大學市場營銷系，剛畢業的時候，去了一家外商做市場策劃工作。照理說，做市場策劃的人一般都能說善道，可是他恰恰相反，他的專業非常強，但在面對高層上司時，總是有話說不出口。由於外商分工比較細，他負責的組別並不需要和高層上司打太多交道，所以工作業績一直比較出色。三年後，爲了更好的發展，他跳槽到另一家企業做營運，直接向老闆彙報工作。由於名校的光環和外商的經歷，老闆對他很看重，然而這讓他很苦惱，因爲每次和老闆溝通都會讓他難受。

當他向老闆彙報工作的時候，儘管自己講了很多，卻發現不是老闆喜歡聽的；當他想讓老闆審核一個方案時，卻發現自己無法將方案重點說出來；當他和老闆吃飯時，卻發現自己不敢多說話，因爲怕自己說多錯多。

相信有一部分職場人都會有類似的尷尬和煩惱。觀察那些在職場中混得不錯的人可以發現，他們總是能夠透過溝通，讓自己的事業發展變得順暢。也許我們不應該把「能說善道」和「能把事情做好」劃等號，因為我們身邊一定會有一些只會嘴上說卻不會行動的人，但人類有個通性，就是更容易相信別人嘴上說的。我們總會有這種錯覺：那些肚子裡沒多少真材實料，但能透過說話把想法很好地展現出來的人，往往比那些有真材實料但嘴笨的人看起來更強大。

這就是我們為什麼要學會說話的原因。嘴笨的人，最大的痛苦不是肚子裡沒有料，而是明明有料，卻無法很好地展現出來，明明工作做了很多，卻因為說不好，讓老闆覺得你做得很一般。

你不是沒有料，只是不會和上司溝通。

如何改變這種現狀，是我們應該思考的問題。要想跟上司溝通良好，首先必須拆掉跟上司溝通的心理之牆。

▼▼▼增強自信心

很多人之所以不會跟上司溝通，是因為不夠有自信。面對比自己職位高的人，他們總有一種懼怕心理，總覺得自己比他們低一等。當你是抱著這種心理的時候，你肯定無法和上司好好溝通，因為不平等的對話從來都只會以失敗告終。就算和上司有地位上的差距，也應該跟他們進行平等的對話。

一個朋友跟我說，他有一個下屬跟他說話時從來不敢看他的眼睛，他對下屬提出的問題，下屬從不敢質疑。可想而知，這樣沒自信的人想要說服上司，想要讓上司覺得他可靠，實在有點難。

上司也是普通人，他也有缺點，所以完全沒有必要不自信。如果你存在這種沒自信的情況，下次見到上司，第一件事就是微笑看著他，眼睛一定要平視他的眼睛。養成說話時平視他人的習慣，不久後你就會變得比較有自信了。

不要患得患失

患得患失是跟上司溝通時存在障礙的重要心理因素之一。有些人怕自己說錯話而失去上司的信任，這也是很多不會說話的人的顧慮，可是這樣會讓你陷入惡性循環：越不會說話就越不敢說話，越不敢說話就越不會說話，最終的結果是，永遠無法在上司面前把話說好。

顧慮太多的人，永遠都不可能成為溝通高手。就像一個銷售員，還沒開始推銷，就覺得客戶會拒絕自己，當心裡有了這樣的包袱時，溝通起來就不會順暢。

不要隱藏自己真實的一面

在和上司溝通的過程中，我們總想表現自己最好的一面，把自己的弱點隱藏起來。這會導致我們在不經意間與上司產生心理隔閡。事實上，在正式場合中，我們的確應該把自己最好的一面展現給上司，但是在私底下的溝通中，也應該讓上司知道我們真實的一面。當你不再在意上司是否會因為知道你真實的一面，而對你產生不好的看法時，你和上司的溝通就會變得順暢。

消除心理上的障礙，是我們與上司順暢溝通的前提。

用心彙報工作，取得信任

曾經看過一個調查：在職場中，你最害怕的事情是什麼？有二十%的人選擇了「跟上司彙報工作」。這說明，彙報工作對很多人來說是一種挑戰。

我有一個下屬，他曾經是一個很害怕跟我彙報工作的人，所以每次都是我主動去找他，詢問各項工作的進展。後來有一天，我對他說：「你要主動找我彙報工作，不然你沒辦法成長！」他聽了，說：「好。」後來，他開始主動找我彙報，剛開始眞的很普通，但是慢慢地，他也上手了。如今，他在跟我彙報工作的時候已經能夠打動我，而我對他也是越來越信任。

沒有下屬的主動彙報工作，就沒有上司對下屬的信任。

彙報工作是作為下級永遠也逃不過的一項任務。一般來說，跟上司彙報工作，可以總結為四個字：來龍去脈。要讓上司了解這件事的來源，還要讓他知道這件事跟他彙報後，結果會怎樣。

彙報工作，一般分為結果彙報和過程彙報。結果彙報也就是指這件事已經有結果了，只需要將這個結果告知上司即可。對於這種彙報，相信很多人透過即時通訊就可以解決。在這裡要探討的主要是過程彙報。

過程彙報一般是你在執行的過程中遇到了難題，需要上司知道執行的過程，以及聽取他的指導意見。如果不懂得如何彙報，很可能就會在上司心裡落下辦事不力的印象。

過程彙報的公式及其解析

在這裡，分享一個過程彙報的公式給大家：

現狀＋進度＋存在困難和問題＋解決的思路＋未來行動計畫

現狀：簡單講一下這項工作目前的現狀。

進度：講一下目前的工作是否在進度中，進度是否可控等。

存在困難和問題：這點也是你為什麼要向他彙報的原因。如果你能夠解決這些困難和問題，那也就沒有必要向他彙報了。這些應該是你無法解決，或是你拿不准要不要這樣解決的困難和問題。

解決的思路：關於這些困難和問題，你應該有自己的解決思路，可以簡單陳述給上司聽，聽取他的意見。

未來行動計畫：在徵詢了上司的意見後，你需要將未來的行動計畫告訴他，以取得他的認可。上司點頭，你就可以行動啦。

如此彙報之後，假如你能夠把這項工作做出成績，相信上司對你的信任程度一定會大大增加，上司覺得你可靠也就是自然而然的了。

▼▼▼ 過程彙報公式的應用

跟大家分析了過程彙報的公式，接下來，針對這個公式，來舉個簡單的例子，讓大家更容易明白。假如你手頭上正在做行銷人員任職資格的專案。按照之前的計畫，你已經把任職資格認證的筆試環節弄完了，接下來是要做任職資格認證的答辯環節。但是在這個環節中，你遇到困難，所以你要向上司彙報這項工作。

你可以這樣說：

按照之前的計畫，我們組織了任職資格認證。目前經過大家的努力，我們已經把筆試環節弄完了，現在正在準備答辯環節。（**現狀**＋**進度**）

在這個環節裡，我們遇到了一些困難：第一，公司行銷人員分布在全國各地，他們該透過怎樣的方式進行答辯？第二，答辯的評委怎麼確定？（**存在困難和問題**）

我覺得可以這樣來解決這些問題，不知道您是否同意：第一，要麼透過視頻進行答辯，要麼在行銷人員回總部開年度會議的時候，統一安排時間進行答辯；第二，評委應該包括員工的直屬上級、間接上級、外部專家，老闆如果有空的話，也可以參加。**（你的解決思路）**

接下來，確定最終結果後，我這裡簡單講一下未來的行動計畫。**（未來行動計畫）**

這個過程就是你和上司互動的過程，如果能夠按照這個公式的大致方向來彙報的話，相信會取得很好的效果。

▼▼▼ 彙報工作的注意事項

及時彙報

上司有時很忙，所以他基本上不會主動問你工作進展，但是他知道有這些事。不要以為他不問就沒事，這時恰恰是考驗你的時候。如果你能夠及時彙報相關工作進展，他對你的好印象會大大加深。如果你沒有這種意識，等到他問你的時候，一切都遲了，升職加薪永遠不會有你的份。

在上司開心的時候彙報

上司也會有不開心的時候，例如他被客戶拒絕了。在彙報之前，要學會察言觀色，不要成為他不開心的代罪羔羊。

彙報要區分重要性

不是所有的事情都要跑去和上司彙報，因為上司的時間非常有限，只有那些你真的解決不了且非常重要的事情，才有必要彙報。

注意彙報頻率

如果能夠做到隨時和上司溝通，那他對你已經很信任了。但如果你們之間還存在隔閡，最好保持一至兩週正式彙報一次的頻率，除非事情非常緊急。

讓每一次方案審核，都體現你的專業

去年年底的時候，有個HR朋友跟我抱怨說，年底要準備年會的事，可是做了很多方案給上司審核，上司都不滿意，自己都做到不想做了。

我問他：「你通常是怎麼請上司審核方案的？」

HR朋友說：「我會先做一個方案，然後寄給上司看看，他看後有什麼問題，我就修改，經過幾次修改後，通常就可以通過。可是每次他決策的時間都很長，嚴重拖延了我的工作，導致我經常要加班才能完成。」

我說：「不然你下次換一種方式。先了解上司想要什麼，把方案做得更加符合上司的胃口。那些重大的方案，你先做兩個出來，然後找個時間把兩個方案都彙報給上司，讓上司做選擇。」HR朋友按照我說的去做了，後來他打電話給我，說按照我的方式，上司果然提高了決策的速度。

當你請上司審核方案的時候，你從中表現出自己的專業，上司通常也會專業快速地給出結果。請上司審核方案，是工作中經常需要做的事。而公司級的方案，基本上都要由老闆審核。

方案審核溝通公式及其解析

那該如何跟老闆溝通方案審核的事情呢？在這裡，同樣有一個公式分享給大家：

方案闡述＋方案優劣＋建議＋結果

方案闡述：簡單闡述方案的情況。

方案優劣：主要闡述方案的優勢和劣勢，以便讓老闆做抉擇的時候，能夠做到心中有數。

建議：如果老闆提出異議，那你應該有相應的建議，以便優化方案。

結果：確定最終的方案框架。

方案審核溝通公式的應用

按照這個公式，來做一個簡單的練習。假如你有一個年會方案需要老闆審核，你可以這樣溝通：

簡單介紹一下整個方案情況和安排，整個年會從頭到尾將如何開展。（**方案闡述**）

今年年會方案的優勢在哪裡？創新的地方在哪裡？成本低還是高？人數多還是少？劣勢有哪些？（**方案優勢和劣勢**）

從整體框架考慮，有哪些是需要改進的？建議是什麼？（**建議**）

最終請老闆定奪，按老闆的意思來確定最終的方案。（**結果**）

方案審核溝通的注意事項

最好有兩個方案供老闆選擇

這樣做的好處是：一方面讓老闆覺得你是真的做了很多工作；另一方面，讓老闆從這兩個方案中選一個，可以加快方案通過的進度。老闆都喜歡做選擇題，而不是判斷題。

做好相關資料的收集

跟老闆溝通方案之前，你首先要有一個傾向的方案，這樣在闡述的過程中，就可以著重推薦這個方案，也可以讓老闆更快地做決策。要做到這點，你就要做好兩個方案相關資料的收集，以便老闆提出問題時，你能夠提供準確的資料給他，從而提高說服力。

要有目的性

溝通方案的最終目的就是讓老闆通過方案，所以在提交方案之前，要了解老闆喜歡什麼，看重什麼，在做方案闡述的過程中，要著重闡述老闆看重的事情。比如老闆看重成本，你就著重講今年的成本已經比去年的還低，如果你能在比去年成本低的前提下，做出比去年更好的方案，那方案通過的機率就會大大增加，老闆對你的信任度自然也會快速提升。

跟力量型的上司溝通：少說廢話，開門見山

在第一章中，我們初步了解過不同性格類型的分類、判斷方法，從這一章開始，將針對不同性格類型的上司、同事、下屬，看看該如何跟他們溝通。首先，來看看力量型的上司。

朋友離職了。我問他：「為什麼才做不到半年就離職了？」

朋友無奈地說：「實在受不了上司的『虐待』了！」

「哦？還有這麼不講人情的上司，居然會讓號稱大好人的你受不了啦。」我既同情又好奇。

「是啊！上次我做錯了一點小事，他就把我罵得狗血淋頭，還是當著大家的面。還有一次派任務，也不跟我商量，直接丟給我，說一定要在三天內完成。那件事原本就需要五天時間才能完成，我天天加班到十點，終於完成了，結果他因為一個表格做得粗糙了點，就說我做事要求太低，隨便做一做來敷衍他。我一聽就生氣了，說你沒看見我天天加班嗎，結果上司也來了一句，說他也天天陪我加班到十點。他這樣一說，我就無言以對了。」朋友一口氣說了一串。

「他對我們下屬一點也不體貼，只知道整天催我們給結果，從不了解我們在做的過程中是否遇到了什麼困難！」朋友繼續訴說著他的「苦衷」。當他說到這裡的時候，我已經知道他為什麼要走了。朋友是典型的和平型性格，而他的上司則是典型的力量型性格。朋友所說的事情，其實是他的上司性格的真實反映。性格很難改變，唯有去適應對方的性格，才能與他更好地相處。

力量型上司的性格特徵

力量型的人往往被稱為「天生的上司」，他們擅長「做」。「愛控制、喜直接、速度快、重結果」是力量型上司的性格特徵。

愛控制

力量型上司的控制欲比較強，他們善於掌控全場，而且不容許別人挑戰他的權威，他們想好的事情，一般會堅決地執行下去。他們交辦任務時，往往會說：「你就按照我說的去做就可以了，有什麼問題就來找我！」

喜直接

力量型上司不喜歡委婉，喜歡單刀直入，他們做事往往簡單粗暴，不會做過多鋪陳，說話也直接，用「豪爽」來形容他們最為合適。他們跟你來往時幾乎不會「走心」，所以很多人遇到這樣的上司，最多的評價是「不近人情」。

速度快

「快點！」「提前做好給我！」「有話直說！」「你現在馬上去做！」這是力量型上司經常掛在嘴邊的話。他們做事不喜歡拖延，喜歡提早完成，所以在力量型上司中，很少有「拖延症」患者。他們也不喜歡做事慢的人，如果你做事慢了，他們就會認為你能力不好或者偷懶。

重結果

「結果」是力量型上司最看重的東西，這也是力量型性格的人非常適合做上司和銷售的原因，因為這兩種職位是最需要看結果的。如果有一天，你的工作沒有完成，然後你跟上司「哭訴」說自己在執行這項工作的過程中遇到多大的困難，上司拋給你一句：「別跟我扯那些沒用的，我只要結果！」那你的上司就是力量型的上司。

當然，所有性格類型的上司都會看重結果，但其他性格類型的上司不會總把結果掛在嘴邊，並且不斷地強調。

如何跟力量型上司溝通

如果用一個成語來概括你跟力量型上司溝通時的感受，那就是：如履薄冰。他總會給你很大的壓力，但如果你能夠跟他的性格相適應，就會從他的身上學到很多，他也會幫助你很多，因為力量型的上司是一個人在事業發展路上最好的領路人。

跟力量型上司溝通的核心是「少說廢話，開門見山」。「支持贊同」、「提出建議」、「剛柔並濟」是跟力量型上司溝通的支撐點。

核心：少說廢話，開門見山

小年的上司是力量型的。有一次，小年跟了很久的客戶沒有和小年簽下訂單，小年向上司彙報這件事：「這個客戶是我在一個展覽會上認識的，認識後聊得很投緣，經過私下的溝通，我覺得很有可能成交，所以前期我花了很多時間，做了很多準備，也多

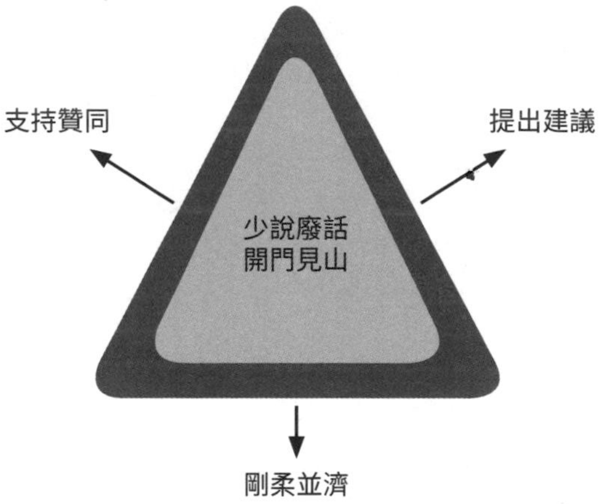

圖5-1 跟力量型上司溝通三支柱模型

次約他出來聊……」聽到這裡的時候，上司就催促他了：「說重點就好。」

其實小年應該這樣說：「我跟這個客户沒有簽下訂單，一方面是因爲公司的產品跟客户的需求吻合度不高，另一方面是跟客户的關係還沒有很好。我之後一定會繼續爭取把這個客户簽下來。」

在跟力量型上司溝通時，能簡單就簡單，別說太多前因，把結果直接告訴他就好。

第一個支撐點：支持贊同。力量型性格的上司往往非常有主見，他們很樂於參加各種有挑戰性的項目，並以組織者的身分出現，他們會告訴你：「今年，我要做一個產能提升的項目。」這時，就算你覺得這個項目行不通，也千萬不要說：「我覺得這個項目有待商榷，感覺在我們公司運作不起來。」如果你這樣說，肯定會引起他的反對：「有什麼做不起來的？不試怎麼知道？」所以你應該說：「我覺得這個項目可以試一試，後期有什麼問題我們再調整。」

力量型性格的上司在跟你談項目和計畫的時候，他們往往已經心中有數，最好的做法就是支持贊同。

第二個支撐點：提出建議。雖然力量型的上司有主見，但並不代表他就是一個想得很周全的人，在表示贊同之後，你要對專案的執行提出可行的建議，比如你可以說：在後期執行的過程中，各項工作皆要落實，才能實施成功。

這會讓力量型的上司覺得你既支持他，又提醒並幫助了他，他會更加信任你。

第三個支撐點：剛柔並濟。

朋友R跟我抱怨說，他的上司總喜歡批評他，他覺得很委屈，有時眞想跟上司大吵一架，可是大家都說上司就是這個性格，跟他吵的最終結果可能只有一個——走人。聽了朋友的陳述，我斷定他遇上了力量型性格的上司。

我給了他建議：「下次再有與上司意見不一致的情況或是他批評你，無論你心裡多麼不爽，你都要先附和他。比如，你可以說：『您說得對，我知道這是我的錯。』等他與你的矛盾緩和之後，你再說：『其實我覺得我有做得對的地方，也有做得不對的地方，這點我以後一定會改，但做得對的地方，我也希望能夠得到您的肯定。』」

跟力量型性格的上司溝通，既要柔軟，又要有原則，剛柔並濟。他強硬的時候，你一定要柔軟，等他平靜下來後，你一定要有自己的原則與主見，否則他會覺得你沒什麼能力。

跟社交型的上司溝通：公開讚美，真誠表達

「小劉，你過來一下！」許董拉著大嗓門在辦公室裡對著坐在外面的小劉喊。

「哦，來了。」小劉聽見喊聲，急忙起來，走進許董的辦公室。

「小劉，今年公司中秋節晚會，想好安排什麼活動了嗎？」許董笑著問小劉。

「許董，我今年準備延續去年的活動。」小劉馬上回應了許董的問話。

「小劉啊，我們今年一定要創新，去年參加的員工太少，今年一定要想辦法把更多的員工吸引過來，可以讓活動更多樣化，比如可以設置一些好玩的遊戲，提供豐富的獎品。前陣子我參加了一間學校的聯歡活動，我覺得滿好玩的，稍後我跟他們要些資料，寄給你看看，可以參考一下。」許董一口氣說了很多。

「好的，許董。我接下來會好好策劃一下。」說完，就退出了許董的辦公室。

過了五分鐘，許董來到小劉身邊，興奮地說：「小劉，我剛才想了一下，不然我們中秋晚會讓每個人都帶上面具，這樣就更好玩了！」

就這樣，許董和小劉在不到一個小時的時間裡，針對中秋晚會的活動，先後互動了五次，許董也提出了很多好玩的創意。

在這個過程中，小劉不斷地說：「好，好！」許董也越說越開心，越說越興奮。

也許你覺得許董囉嗦，但其實許董就是典型的社交型上司，這些都是他的性格使然。

▼▼▼ 社交型上司的性格特徵

社交型上司往往「話很多」，他們擅長「說」。「話多、創意、互動、平等」是他們的性格特徵。

話多

社交型的上司，如果你不讓他們說話，他們就不舒服，所以他們最喜歡做的事情就是開會，一天一小會，三天一大會，樂此不疲。如果讓他們逮住機會說話，他們能說上大半天。

創意

跟小劉的上司許董一樣，社交型的上司總是創意不斷，在他們眼裡沒有一成不變的東西，他們不喜歡被框架限制，只要能把工作做好就可以。

互動

社交型的上司喜歡和下屬互動。在辦公室裡，如果經常看到一個上司站在下屬座位旁與其溝通互動，那這個上司百分之百是社交型的，因為互動是社交型上司很樂於做的事情。他不會總坐在辦公椅上，而是喜歡四處走走，和下屬溝通。

平等

做社交型上司的下屬幾乎沒什麼壓力，因為這類上司喜歡跟下屬平等相處。他們不會借助自己的職位去壓制下屬，會將下屬當成自己的夥伴，還會想盡辦法讓下屬的工作變得輕鬆簡單。

如何跟社交型上司溝通

社交型上司總體上比較好溝通，但如有不慎，也會惹他們不開心，所以作為下屬，還是有必要掌握一些和他們溝通的技巧。跟社交型上司溝通的核心是「公開讚美，真誠表達」。「多加請示」、「聽取建議」、「積極向上」是跟社交型上司溝通的支撐點。

核心：公開讚美，真誠表達

社交型上司喜歡下屬充分贊同自己，欣賞自己的創意和想法。當他們把自己的創意和想法說出來之後，他們會尋找認同的目光，如果看到大家都在點頭，他就會越講越興奮。得到越多的認同，他就會越有成就感，所以要學會在公開場合讚美他們。

比如在部門開會的時候，他講到了一個計畫，那你就應該在大家面前說：「我覺得上司提出的這個計畫非常好，如果能夠實施，必然會帶來很好的效果。」他聽到這些，對你的印象一定非常好。當然，讚美一定要真誠，做到言之有物、言之有理，不能給別人一種浮誇、拍馬屁的感覺。

第一個支撐點：多加請示。社交型上司善於人際交往，喜歡與下屬進行互動交流，凡事喜歡參與。作為下屬，多多走進他們的辦公室，和他們聊

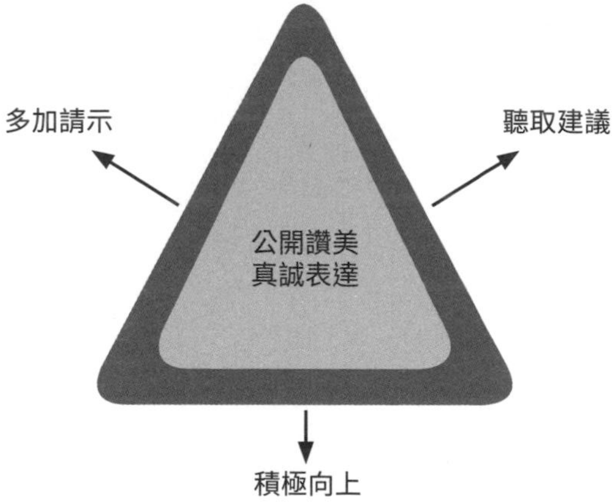

圖5-2 跟社交型上司溝通三支柱模型

聊自己工作中的困難和收穫，他們會很喜歡。社交型上司最怕的就是下屬不跟他溝通。

我有一個朋友，他的上司就是社交型的，朋友每天下班之後，都會準時去到上司的辦公室，說一下當天的工作情況，他的上司也會每天花一些時間跟朋友探討當天的工作。在這個過程中，朋友進步很快，僅僅一年時間，他就迅速成為部門主管。

第二個支撐點：聽取建議。社交型上司好為人師，見到下屬就喜歡分享他的經驗和看法，所以如果你是他的下屬，就應該借著請示工作的機會，多向他請教，獲取一些改善建議。跟社交型的上司溝通，如果交流得當，一定能夠收穫良多。

第三個支撐點：積極向上。社交型上司最不喜歡消極的下屬。如果他聽到你的抱怨，一定會找你談談，因為在他的世界裡總是充滿歡樂的，如果他感受到你的消極情緒，就會認為你跟他不是同一個團隊的人，如果你不改正，他就會把你踢出他的團隊。

因此跟他們溝通，一定要多說積極向上的話，每天開開心心。笑著跟他們溝通效果最好。如果能夠做到跟他們一樣在溝通時陽光樂觀，那你跟他們就毫無距離感了。

跟和平型的上司溝通：多提意見，考慮周全

我曾經有一個上司，他的性格是和平型的。我是一個典型力量型的人，所以在工作中，經常會想到什麼就立即去做。

當時，我在公司負責績效考核工作。有一次，我想在公司推行新的績效考核制度。於是，我走進上司的辦公室，對他說：「我總結了上個季度的績效考核結果及一部分員工的回饋，覺得我們公司有必要推行新的績效考核制度。我明天會把制度寫出來，爭取下個月正式實施。」

上司一聽就愣住了，說：「這個還是稍安勿躁，舊的制度才實施不到一年，雖然效果普通，但是也沒有大錯，還是先保持原狀比較好。」

我一聽就急了，說：「這個不能等了，必須馬上去做！不然員工的怨氣會越來越深！」

上司又稍稍思考了一下，說：「這樣吧，你先寫個關於績效考核實施情況的報告給我看看，然後我再徵詢一下部門其他同事和別的部門負責人的意見再說。」

於是，我只好作罷。後來，我把績效考核實施情況報告寫出來交給他，他再找各個部門的負責人了解情況並聽取意見，半年後，他才請我把制度寫出來，然後呈交老闆審核實施。

剛開始的時候，我無法理解怎麼做事這麼慢？後來我才懂得，其實這些行爲模式都是他性格的直接反映。我無法要求上司的性格和我一樣，我唯有去適應他的性格。所以，在接下來的相處中，我跟他的溝通越來越順暢。

和平型上司的性格特徵

和平型上司是最求穩定的上司，一般來說，在他的帶領下，團隊很難有太大的變革，「穩定就是一切」是他帶領團隊的最大理念。「喜舒適、愛簡單、最求穩、善傾聽」是和平型上司的性格特徵。

喜舒適

和平型上司喜歡舒適的環境，在沒有人際摩擦的情況下，他們會覺得非常輕鬆。然而作為上司不可能避免摩擦，所以他們一般對下屬會很好，避免與下屬發生衝突，並且希望下屬能夠多替他分擔壓力。雖然身為上司，但他其實不希望跟下屬等級分明，而是希望跟下屬保持良好的夥伴關係，大家能夠和睦相處。

愛簡單

和平型上司不喜歡激烈的競爭，不喜歡人與人之間的明爭暗鬥，他們總是試圖逃避那種關係複雜、人情冷漠的工作環境，所以他們會盡量讓自己的團隊成員關係簡單。他們與下屬溝通時也不會耍什麼手段，更多的是簡單明瞭的溝通。

最求穩

和平型上司會主張穩定大於一切，他們最反感的就是衝動行動，所以「再等等」、「看看再說」、「我去問問別人的意見」是他們最喜歡說的話。在團隊決策中，他們不會輕易做出決定。

善傾聽

和平型上司非常擅長傾聽，他們會認真聽取下屬的心聲和意見，所以如果你的上司是和平型的，那就會感受到莫大的尊重。

如何跟和平型上司溝通

跟和平型上司溝通，首先要做的是多做準備。在跟他們溝通前，你一定要先做調查，了解你要說的事情的來龍去脈，因為他們會徵求你的意見。跟和平型上司溝通的核心是「多提意見，考慮周全」。「能穩則穩」、「勇敢表達」、「擁護上司」是跟和平型上司溝通的支撐點。

核心：多提意見，考慮周全

「多提意見，考慮周全」是跟和平型上司溝通的核心，因為他們往往不會輕易去做一件沒有驗證過的事情，所以需要下屬多提意見來佐證，否則他們很難做出決定。如果你可以提出很多能幫助他做決定的意見，那他會很樂意和你溝通。當你有新的計畫要實施時，一定要考慮周全再向他彙報，否則結果就是：「你回去考慮清楚再過來找我！」

第一個支撐點：能穩則穩。一項活動，如果沒有必要改變現狀，則保持現狀。比如你要舉辦一場員工座談會，那你最好拿著以往的成熟方案上報和平型上司，如此通過的機率才會很大，因為他們要的是保證不出錯。

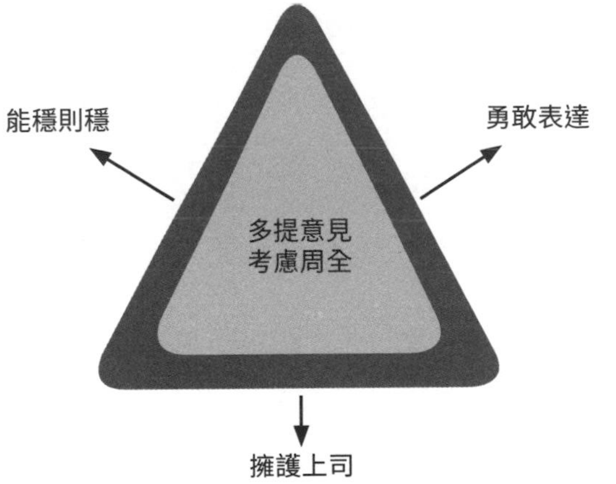

圖5-3 跟和平型上司溝通三支柱模型

第二個支撐點：勇敢表達。和平型上司是非常能夠接納下屬不同意見的上司。如果你的意見和他一樣，可以幫助他快速做決定；如果你的意見和他不一樣，他也不會排斥，而會洗耳恭聽。所以你要做的就是勇敢表達。

第三個支撐點：擁護上司。和平型上司雖然可以接納不同的意見，但內心是非常看重你是否擁護他的。所以不管你表達的意見是否跟他一樣，都要時刻表現出你對他的擁護和忠誠，否則容易出問題。

跟完美型的上司溝通：事前準備，數據說話

幾年前，朋友小馬問我：「世界上有沒有一個人，他專門喜歡挑你的毛病？」

我說：「應該沒有吧。」

「眞的有！就是我的上司！」小馬無奈地說。

「怎麼說？」我好奇地問。

「每一次他交代任務給我，都只是說個大概，不會給我具體的標準，我努力去做出結果以後，他就開始挑我的毛病了。大的毛病是我做事沒有依據，小的毛病是我的報告標點符號都用錯了。」

我很理解當初小馬的心情，因為他面對的是一位完美型的上司。在你的職業生涯中，也許會遇到這樣一位上司：

他不會在給你任務的時候給你具體的方向，只是告訴你有這件事，你去做就對了。但他希望你

能夠以高標準完成他交給你的任務，如果沒有高水準完成，他就會指責你。同時，也不能讓他發現你有任何違反規則的行為，否則，他將不會再重用你。

這就是完美型上司。

▼▼▼完美型上司的性格特徵

完美型上司總在想的問題是，怎樣讓團隊的工作更好？當然，每個性格類型的上司都會這樣想，但完美型上司尤其如此，「如何讓團隊不出差錯地完成任務」是他一直追求的目標。「高標準、愛糾結、重規則、喜懷疑」是完美型上司的性格特徵。

高標準

完美型上司對下屬永遠有著很高的要求。當他們簽績效責任書的時候，往往會給你定出最高的目標，如果業內平均水準是八十分，他們就會要求你做到九十分。他們永遠不會滿足於現狀，「追求更好」是他們的動力。

愛糾結

完美型上司總是害怕自己的錯誤決策會給團隊帶來不好的影響，所以他們力爭要把自己做的每一件事情做到最好，不留下任何遺憾。他們對下屬的要求也是一樣的。完美型上司做每一個決策的時候，會考慮很多因素，從而導致決策速度慢，給人猶豫不決、拿不定主意的印象。

重規則

完美型上司做事注重規則，絕對不允許跨越制度的紅線。他們也喜歡制定規則，並且嚴格按照規則辦事。「我最討厭違反規則的人」是他們經常會說的話。

喜懷疑

面對一件事情，他們的第一個想法是：這件事哪裡做得不好？如果你花費很大功夫終於做出一個報告，之後信心滿滿地來到他的辦公室，幻想著他會表揚你一句，那你就錯了。他首先會告訴你哪裡還需要改善。因為他們永遠會懷疑，你是否還能做得更好？

▼▼▼ 如何跟完美型上司溝通

跟完美型上司溝通，就要做到讓他們「放心」。如果你能夠讓他們放心，那你們的溝通就會非常順暢。

跟完美型上司溝通的核心是「事前準備，數據說話」。「搜集資訊」、「制訂計畫」、「守法辦事」是跟完美型上司溝通的支撐點。

核心：事前準備，數據說話

在跟完美型上司溝通前，一定要做好充足的準備，因為他們會有很多問題要問，你需要做深入的說明，才能打消他們的疑慮。能用事實說話就別憑猜測說話，能用數據說話就別用模糊的語言說話。「今天開發了十個新客戶」比「今天開發了不少客戶」更能讓完美型上司安心。千萬不要讓完美型上司去猜測你的意思，因為他們本身就多疑，這樣會浪費大家的時間，也會給他留下你做事不可靠的印象。

第一個支撐點：搜集資訊。如果你要開始一項全新的工作計畫，那就一定要做好相關調查工作，最好透過問卷調查，再分析資料得出結論，寫好方案後再去找上司溝通。

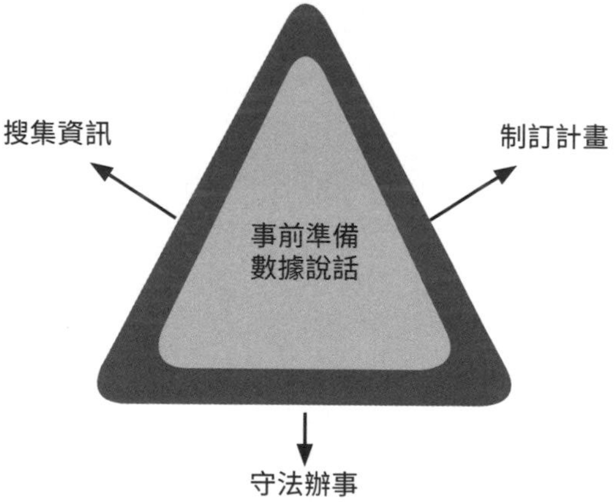

圖5-4 跟完美型上司溝通三支柱模型

第二個支撐點：制訂計畫。一個制訂了周密計畫的下屬，和一個完全只是在嘴上說說的下屬相比，前者更容易得到完美型上司的青睞。不管出現什麼情況，都不要因為別人的壓力而自亂陣腳，按照自己的既定計畫行事，鎮定自若地完成工作，這樣完美型上司不但不會覺得你是自作主張，反而會對你刮目相看，以後會更加依賴你。

第三個支撐點：守法辦事。假如你因為塞車遲到了，你跑到完美型上司面前，說：「對不起，今天路上車太多了，我塞了半個小時，所以才遲到。」你本來想說這樣跟他說，他就會同意你補打卡。但他很可能會對你說：「去寫假單吧，就當是事假，下次記得早點出門。」在完美型上司眼裡，規則永遠至上。

Chapter 6

跟同事如何溝通才順暢

要點提煉：

① 有時候，我們沒有辦法要求同事完全按照我們的想法去做事，我們卻可以透過溝通，讓同事心甘情願、開開心心地幫我們做事，而「雙贏」就是最厲害的武器。

② 主動聯絡，積極溝通，你會發現自己能得到更多：同事更願意幫助你了，而你的工作也更加順利了。

溝通工具：

① 跟力量型同事溝通三支柱模型（見圖 6-1）

② 跟社交型同事溝通三支柱模型（見圖 6-2）

③ 跟和平型同事溝通三支柱模型（見圖 6-3）

④ 跟完美型同事溝通三支柱模型（見圖 6-4）

沒有雙贏，也就沒有跨部門溝通

在跨部門溝通的時候，我們每個人都希望同事幫我們把事情做好，所以我們會單方面要求同事做很多他們本不願意做的事情。可是，當你沒有站在對方的角度去思考的時候，他們只會本能地拒絕你的請求，最終導致溝通失敗。

請記住：沒有雙贏，也就沒有跨部門溝通。

先從一個故事說起。

某公司面臨上市前的終極考驗，所有人都在爲公司的業績拼命，承諾一定會做好自己的工作，爲公司盡一份力。

小D也不例外。他每天八點到公司，晚上九點才回家。一分耕耘一分收穫，小D的工作取得很大的進展，得到了上司的表揚。在公司季度績效考核中，小D獲得了S級（最高級）的考核結果。

某天晚上九點，小D在回家路上接到了公司T產品事業部助理的電話，叫他回來做一個總結的PPT，因爲T產品事業部總經理明天要開會，會用到這個PPT。

小D一聽，就說：「我已經在回家的路上了，現在趕回去可能就十點了，也做不了什麼事情，而且我等一下還有一些私人的事要做。」

助理說：「再晚也要趕回來，不然明天總經理開不了會！」

小D一聽，覺得有點委屈，說：「我今天忙到晚上九點，之前那麼多時間你怎麼不跟我說？等我回家了才跟我說！」

助理說：「我一直在忙就忘記了，現在才想起來。你回來吧，我也會加班到很晚。」

小D很不想回去，說：「我不回去了，我都快到家了。」

助理說：「你不回來，總經理就開不了會！」

小D說：「你有沒有考慮過我的情況？這個PPT你也可以做，不一定要我來做！」說完就生氣地掛了電話。

第二天小D來上班時才知道，助理受到總經理的責難，總經理雖然沒有直接責罵小D，卻已經在內心給小D扣上了「不積極協助」的帽子。在這之後，助理和小D也沒有和氣地說過一句話，大家都覺得對方錯了。

在這場溝通「戰役」中，沒有哪個人贏了，全是輸家。

再分享一個故事。

有個朋友是一家製造業公司的高級研發工程師，他在這家公司已經工作了五年，可以說他是陪著公司一步步發展壯大、做到上市的老功臣。

朋友的研發能力很強，也是因爲這一點，老闆非常認可並倚重他。可是，他在跟同事溝通的時候，卻經常盛氣凌人。

有一次，公司的產品出了問題，其實大家都知道研發部應該負最大責任，生產部負少部分責任。生產部的經理很爲朋友著想，表示這是公司整體的問題，而且還把部分責任攬到了自己身上，但是朋友卻說自己研發的產品沒有問題，產品出問題是因爲生產部分出了問題。

生產部經理一聽，說這怎麼可能是他們的問題呢。之後，兩個人就吵了起來。最後，他們都受到公司的責難。再後來，朋友離開了工作多年的公司。

後來我問他：「你對自己的過去有遺憾嗎？」

他說，最大的遺憾就是自己沒有好好處理與同事的關係。工作多年，沒有一個眞正交心的朋友，卻有一群跟自己處處作對的人。

是啊，當我們一味地透過打壓同事來獲取自己的利益時，看似得到了一些東西，其實失去得更多，我們失去了同事的信任、尊重和真心幫助。

沒有雙贏，就沒有溝通。當你開始一場跨部門溝通的時候，先想想自己能夠為同事帶來什麼，就算是別人的工作，也應該多考慮自己能夠做點什麼來觸動對方。

有時候，我們沒有辦法要求同事完全按照我們的想法去做事，我們卻可以透過溝通，讓同事心甘情願、開開心心地幫我們做事，而「雙贏」就是最厲害的武器。

在和同事溝通的時候，多想想同事想得到什麼，然後盡量去滿足他們，這樣才能得到我們想要的結果。

主動：讓你掌握跨部門溝通的主導權

在跨部門溝通時，我們經常會有這種想法：對方自己會來找我的，因為他有求於我，我有事再去找他。而對方想：他有事就會來找我，何必那麼著急，先把我的事忙完再說。於是，跨部門溝通的障礙就出現了。

跨部門溝通最重要的是主動，雙方都要主動靠近，才能溝通順暢。

我接待過一個客户，他是一家公司的經理。他的困惑是，當自己有事情需要求助其他部門的經理時，大家都不願意幫他。因此，他的工作總是延誤。

有一天，他被公司辭退了。他有苦說不出，明明自己很努力，卻因爲跨部門溝通不順而被開除。他曾經跟老闆提過這件事，老闆不但沒有站在他這邊，反而批評他：「這些都是你的問題，想想爲什麼別人不願意幫助你，不要把問題都推到別人身上。」

他無言以對，之後再也不敢跟老闆提這些，再後來就離開公司了。

我問他：「你剛去這家公司的時候，有沒有主動去找別的部門經理交流過？」

他搖了搖頭，說：「沒有。因爲我覺得有事去找他們就可以了。」

我告訴他，平時應該主動跟別的部門同事聯絡感情。「你去下一家公司的時候，可以每週主動聯絡一位部門經理，等你和全部的部門經理聯絡之後，相信你以後的工作開展起來會很順利。」

他接受了我的建議。

後來他傳訊息給我，說自己現在主動了很多，工作也比以前順利很多，其他部門的同事也很配合他的工作。

其實，當你主動跟別人溝通的時候，別人也會主動跟你溝通，這樣就形成了良性的循環。就像對待親朋好友，如果你沒有主動溝通的意識，而別人也不是很主動，那麼久而久之，雙方就會越走越遠。

我曾經爲一家世界前五百強的公司做管理諮詢，這家公司給我留下了很深刻的印象。

在調查階段，我們需要該公司各個部門提供資料，在整個過程中，他們都很積極地配合。爲了趕工，我們的工作節奏很快。

有一天，我們需要工程部門提供一份資料，是關於公司的工時標準。由於資料都在工程部經理那裡，恰巧那天他出差，所以需要別的部門幫忙提供。生產部經理知道了，主動提出要提供給我們，但他提供的並不完整。後來他主動聯繫工程部經理，請工程部經理傳給他。他還配合我們，對我們有疑惑的地方進行解答。

工程部經理回來後，表示非常感謝生產部經理的協助，才沒有使這個項目因爲自己而延期。

我問生產部經理：「你們公司的團隊合作是不是很好啊？」他說：「是啊，你怎麼知道？」

我說：「當每個人都很主動的時候，團隊合作一定很好！」他聽了後表示贊同。

我聽過很多老闆抱怨：員工的工作效率很低，導致公司的總體目標難以完成。

我聽過很多朋友抱怨：公司的同事太難合作，想叫他們做事太難了。

很多公司經營失敗，就敗在跨部門溝通上。比如，當客戶的投訴需要不同部門處理，而各部門相互推諉的時候，客戶會認為這家公司辦事效率太低，決不能和他們合作，於是客戶就流失了。

對於公司而言，跨部門溝通是否順暢，關係到公司的生存與發展。

對於個人而言，跨部門溝通是否順暢，關係到個人的發展，而主動就是橋樑。主動聯絡，積極溝通，你會發現自己能得到更多：同事更願意幫助你了，而你的工作也更加順利了。

那該怎麼提高自己的主動性呢？

首先，對於自己的事情，一定要主動跟催，很多時候，沒有跟催，就沒有結果。

其次，要多走動。在公司時，不要總待在自己的座位上，抽出時間跟別的部門同事聊聊工作也好。不要總是等到有正事的時候才去找別人，那樣的話，溝通效果會大打折扣。

最後，要把焦點放在公司的發展上。如果每個人都只想著自己的利益，勢必就會出現相互推諉的情況，這對跨部門溝通有百害而無一利，大家只有心繫公司的發展，才能主動溝通，積極合作，相互理解，最終達成一致。

一方主動，是一廂情願；雙方主動，才是愛情。對於跨部門溝通來說，主動是必不可少的要求，它能夠讓你掌握工作溝通的主導權。

關心：讓你走進同事內心的潤滑劑

也許有人會說，提升與同事溝通的能力很難，想要提升，是否也要付出很多？其實只要你學會兩個字，跟同事溝通的能力就會提升一個層級，這兩個字便是：關心。

大龍是某大型金融公司的品質工程師，他是一個獨來獨往的人，在他的工作觀裡，他認爲只要做好自己的事情就可以了，沒必要跟其他同事有太多瓜葛。所以他每天早上準時來上班，認認眞眞完成自己的工作，下班就打卡回家。

這樣日復一日，年復一年，倒也沒什麼事。因爲他平時主要是跟產品以及供應商打交道，所以跟別的同事接觸不多，這也養成了他只顧完成自己的工作，不顧其他同事的習慣。

有一次，大龍在樓梯口看到行政部同事小G在搬辦公用品，走得舉步維艱。大龍也沒多想，便從小G身邊走過去了。

還有一次，公司要舉辦年會，需要各個部門的同事協助。人力資源部找到大龍，希望他也能夠協助一些事情，大龍以工作太忙拒絕了，彷彿公司的事情跟自己無關。

從此，行政部和人力資源部有什麼事情，也不再找大龍幫忙了。

某個週末，大龍在公司加班，小G剛好也在加班。當時大龍有一個快遞通知，但是他因故走不開，於是他請小G去公司門口幫他拿一下包裹。小G頭也不抬，繼續做自己的事情。

還有一次，大龍想請市場部的同事幫忙提供一些資料，他要寫一份品質報告。可是無論他怎麼催，市場部的同事仍說事情很多，晚點再統計給他。後來市場部的同事私底下說，大龍這個人太過自我，不想和他溝通。就這樣，大龍跟身邊同事的溝通越來越困難，最終無奈地離開了這家不錯的公司。

我相信你的身邊也會有大龍這樣的同事，他們以「各人自掃門前雪，哪管他人瓦上霜」作為職場生存法則。但其實這樣只會讓自己跟同事之間的溝通越來越難，事業發展之路越走越窄。

我認識一個朋友，他是一家軟體公司的研發工程師。雖然做研發，可是他性格開朗，喜歡和同事打交道。人力資源部有什麼活動，他都會跑去問：「有什麼需要我幫忙的？」同事有什麼困難，他都會主動問：「需要我幫忙嗎？」

有一次，一個同事生病了，趴在桌子上睡覺。朋友看到後，馬上倒了一杯熱水給他，建議他請假回家休息。

每次見到同事，朋友都會笑呵呵地打招呼。同事們給他起了個外號：知心大叔。

每次朋友希望別的同事幫他做點什麼事，別的同事都會很樂意去做。由於得到同事們的大力支持，朋友的業績也蒸蒸日上。前不久，他被提拔爲研發部主管。

一杯熱水，一句問候，一份關心，朋友用自己的行動換來了同事們的眞心擁戴。

跟同事溝通，我們習慣講工作，卻忽略了心靈的交流。其實，那些看似不經意的關心，比你在工作上幫助他更能打動他的心。

有時候，溝通順了，事業發展也順了，而這一切，都可以用「關心」換來。

同在一家公司，其實大家不應該僅僅是工作上的夥伴，還應該是相互協助的朋友，而朋友，要靠關心才能換來。

在我的職業生涯裡，我通常都會把同事當成自己最真摯的朋友一樣對待。他們生病了，我會關心；他們在工作上遇到難題，我會盡我所能提供幫助。所以在這個過程中，我收獲了很多真正的朋友。

事實上，我也收獲了很多來自同事的關心，因為他們也把我當成朋友。很多時候，我也會有棘手的工作需要跟同事溝通，由於跟他們的關係比較好，所以雙方也能夠很快達成共識。

關心，成了我和其他同事溝通的潤滑劑！

如果你跟同事溝通不暢，想想自己平時對同事是否有足夠的關心。如果你學會了關心，我相信你會在職場中走得很順。因為關心是相互的，你的付出不會白費！那麼，如何表現我們的關心呢？

首先，要真誠，樂於提供幫助。（不要試圖用虛情假意來打動一個人！）比如，看到同事加班，忙得焦頭爛額，可以問問對方，自己能否幫他做點什麼？

其次，重細節，多做一點不會吃虧。很多人不關心同事的近況，所以也就不知道怎麼去關心別人。比如同事結婚了，你可以祝賀他；同事生病了，你至少要問候一下，讓他注意身體；天氣冷了，可以提醒同事多穿點衣服……，這些都是多做不花錢的事情，卻能夠增進你們的感情，為你們之間良好的溝通奠定基礎。

最後，築感情，平時多聯絡。工作之餘可以買點零食，分給同事享用，或者平時多聊聊家常，多了解同事，如此，大家的感情才會更深。關心他人，對每個人來說都是舉手之勞。一句問候，一個幫助，就能讓你走進同事內心，你跟同事之間的溝通也會因此更順暢！

體諒：跨部門溝通的加速器

不知從什麼時候開始，我慢慢懂得，體諒是和同事來往過程中特別重要的一件事。這或許是源於幾年前和同事的一次溝通。

有一次，第一季績效考核結束後，公司需要幫銷售部門績效優秀的人員進行優秀事蹟宣傳。於是，我去找了銷售部門的助理，希望她能夠協助我做好這件事。

我到她那裡後，她正在忙，似乎沒有察覺我的到來。

「哈囉，現在公司需要幫銷售績效優秀的人員進行宣傳，需要妳的協助。」我把績效優秀人員名單遞給她。

「我現在正在忙，你先說要怎麼做，過幾天我再做。」她頭也不抬，冷冷地說。

「首先，妳需要收集好這些優秀人員的優良事蹟。其次，把這些優良事蹟整理好交給品牌部做宣傳可以了。」我見她很忙，就沒有多說。

「好的。」她點點頭。

「要抓緊哦，看看這個星期是否可以做好。」我說。

「我盡量。」她快速地說。

她在電腦前不停地敲著字，我見此，便離開了。

等了三天，她沒有給我任何工作進展消息。於是，我再次來找她。「最近工作很忙吧？看妳每天都忙得很啊！」我跟她寒暄。

「是啊，最近很多銷售人員回來，要幫他們報銷，整天忙著貼單據。」她輕輕地說。

「哦哦，忙一點好啊，年終獎金比較多。」我安慰她。

「你找我有事嗎？」她抬頭看看我。

她這麼一問，我就知道她一定是忘了我交辦的事。我有點生氣，可是馬上又想，如果我發火了，我們之間一定會鬧僵。於是我努力讓自己平靜下來，心想：或許她是事情太多，忙著忙著就忘了，不是故意要拖延我的工作，自己有時不也會忙到忘記上司交辦的事嗎？我試圖讓自己多站在她的角度去想。

於是，我微微一笑，說：「您貴人多忘事啊，三天前我請妳做銷售部績效優秀人員的宣傳。」

她一聽，馬上叫起來：「啊，我忘了！我昨天本來想起來要做的，可是上司臨時有事交辦，又忙到忘了。」

「沒關係，這兩天做好就可以。」我說。

「不好意思，我明天做好給你。」她顯出抱歉的樣子。

「好的，那辛苦妳了！」說完我就離開了。

下班後，偶然聽銷售部的同事說，前一天銷售部助理被上司責罵了，之後她一個人趴在桌子上哭，當晚，她加班到十一點半。

她果然是壓力大和太忙，根本就不是有意要拖延工作。

第二天，我來到她的座位邊，對她說：「妳如果太忙，我就幫妳收集一下績效優秀人員的事蹟吧。」我開始體諒她的不易。

「不用了，我昨晚已經加班做好了，已經交給品牌部，很快就可以做出來了！」她開心地說。

「速度果然快！」我心裡想。「謝謝呀，辛苦了！」我跟她道過謝，就離開了。

職場上，大家都不容易。對上，我們可能隨時被上司批評；對下，我們可能被下屬氣得半死。唯有同事，才是與我們同甘共苦、同病相憐的人，然而與他們平等相處、互相體諒，對很多人來說，卻是異常艱難。

尤其是跨部門同事，你有你的職責，我有我的事情，所以總是難以找到共同語言來達成共識，此時「體諒」就是讓彼此走向一致的加速器。

也許你在跟某個同事溝通時，碰了一鼻子灰，但你依然可以找到與他達成一致的方法，這個方法其實就是體諒。比如，他不開心可能是因為事情太多、壓力太大。當你體諒同事的時候，才會從內心去理解對方的不易，才能對他的行為表示理解，你們才有可能達成最完美的結果。就像我，如果不去體諒同事，對她發脾氣，那我跟她就有可能發生爭吵，而我要做的事情，卻不會有任何進展。當我體諒她，我跟她的溝通就順暢了，她也幫我完成了我想要做的事。

可見，體諒是跨部門溝通的加速器，沒有體諒，跨部門溝通寸步難行。要體諒，最重要的是做到換位思考。

曾在網路上看過這樣一個故事。

一對夫婦坐車去遊山，半途下車。他們聽說後來車上其餘乘客沒走多遠，就遇到了山體崩塌，結果全部喪命。女人說：「我們眞幸運，下車下得及時。」男人說：「不，是由於我們下車，車子停留，耽誤了他們的行程。不然，就不會在那個時刻恰巧經過山崩的地點了……」

換位思考的實質，就是設身處地為他人著想，即想人所想，理解至上，體諒他人。

你的體諒，能夠溫暖同事的心。理解同事的不易，你才能走進他的心。如此，你們才能形成良性的互動和有效的溝通，你也才能順利達成自己的目標。

跟力量型的同事溝通：有理有據，剛柔並濟

朋友小林想組織銷售部門的員工去外面拓展業務，所以他想請銷售助理小李幫忙調查銷售員的意願，以確定人數。

「有事想請你幫個忙。」朋友小林來到銷售助理小李的座位前說。

「什麼事？說！」銷售助理小李語氣生硬地蹦出了一句，聲音很大，周圍的同事都被這句話嚇到，目光向小林這邊看過來。

「下個月我想請你們部門的員工去拓展業務，想請你這一兩天幫忙做個意願調查，願意參加的就到你這裡報名，你再把名單給我。」小林很謹慎地說。

「我很忙，事情很多，沒那麼快，你先把活動方案給我！」

「這件事情很急，能不能快一點，盡量這兩天給我？」小林像在哀求他一樣。

「你剛才聽不懂我說的話嗎？我現在很忙，沒空！」銷售助理小李大聲且語氣堅定地說。

小林聽到這句話不禁火冒三丈，說：「你這人怎麼這樣！我好好跟你溝通，你什麼態度！」

小李一聽，也火了，站起來說：「我跟你就事論事溝通，我有說過不幫你嗎？你發什麼火？」

就這樣，兩個人你一言我一語地吵起來，最後在上司的勸阻下才停下來。

其實，從兩個人的溝通內容來看，銷售助理小李的表達並沒有什麼大問題，可能在語氣上讓小林覺得冒犯了自己。我告訴小林，其實小李是力量型的人，這些都是他性格的真實反映。當我們和他溝通時，必須要學會適應他的性格。

力量型同事的性格特徵

力量型同事骨子裡有「天生領袖」的氣質，所以他們往往會以「上司」自居。「抗壓強、講效率、更直接、求認同」是力量型同事的性格特徵。

抗壓強

力量型同事往往會遵從自己內心的真實想法，就算是遇到壓力，他們也能夠從壓力中突圍而出，然後告訴你：「我有自己的想法，你施加的壓力改變不了我！」

講效率

他們是工作狂，而且在時間管理上對自己的要求非常嚴格，所以他們幾乎不會允許自己浪費時間。你會發現，那些力量型的同事平時走路都是抬頭挺胸快步走，因為對於他們來說，高效做事才是他們覺得最有價值的。在他們眼裡，工作的結果最重要，所有不能幫助他們達成結果的事情，他們都覺得是浪費時間。

更直接

力量型的同事情緒外露，說話直接，心直口快，有時候他們的這種行為方式會對其他同事造成壓力，但這都是他們性格特徵的直接反映。

求認同

力量型同事通常希望成為別人眼中的「重要人物」，他們不想被當成普通人，他們渴望得到同事的認同，渴望成為別人心目中「很有能力的人」。

如何跟力量型同事溝通

力量型同事雷厲風行，跟他們溝通時，最重要的就是要做到「有理有據，剛柔並濟」。同時，要做到三個支撐點：「尊重對方」、「不卑不亢」、「換位思考」。

核心：有理有據，剛柔並濟

我有一個同事是力量型的，每次找他幫忙，他都說自己很忙，而且態度很強硬。有一次我去找他，希望他能夠盡快把部門的績效考核結果交給我，因為我還有下一步工作要做。

「大哥，你好像很忙啊！」我一見到他，就跟他打招呼。

「是，我一直都很忙。」他很乾脆地回答了我。

「忙一點很好啊！對了，你們部門的績效考核結果什麼時候給我呢？」我廢話不多說，態度誠懇地表明我的來意。

「這個要下週了。」他說。

「大哥，等不到下週了哦，因為這週我就要給出結果，公司也發過公告，其他部門都交齊了，就

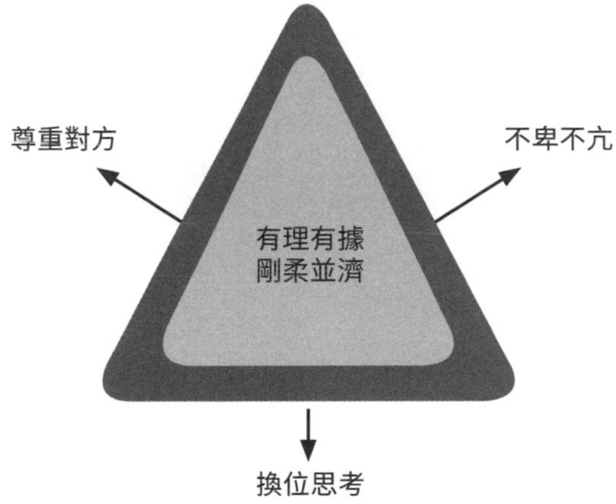

圖6-1 跟力量型同事溝通三支柱模型

差你們部門了，你們可別扯後腿哦。」我想給他一點壓力。

他抬頭看了看我，沒說話。

「大哥，您這麼厲害的人，這點小事難不倒你，你只要抽點時間，很快就能搞定，我就等你的米下鍋了。」我繼續說，但我換了示弱的語氣。

他一聽，哈哈大笑起來，說：「好，好，今天下班前給你。」結果他真的在當天下班前給我了。

跟力量型同事溝通，既要有理有據，又要剛柔並濟，才能取得你想要的效果。

第一個支撐點：尊重對方。尊重對方，讓對方感覺自己很重要，這是前提，因為力量型同事往往喜歡看到別人眼中重要的自己。你越讓他覺得自己重要，他就越願意跟你溝通。

第二個支撐點：不卑不亢。面對對方的強勢，不要顯得卑微，以免讓對方覺得我們好欺負，但也不能高傲，因為力量型的人不喜歡比他還高傲的人，只需要進行平和自然的溝通即可。

第三個支撐點：換位思考。力量型的同事因其強勢的溝通態度而容易引起對方的反感，但其實這些都只是他們性格的真實反映而已，所以不必過於大驚小怪，學會換位思考，感受他們強勢背後溫和的一面。

跟社交型的同事溝通：外向開放，甘做綠葉

曉婷和詩詩是很要好的同事兼朋友，可是有一天卻因爲一點小事鬧起來了。

「昨天叫妳從外面幫我買點藥帶來，妳竟然沒有幫我買！」曉婷對詩詩說。

「我工作太忙，忘記了，而且昨天晚上我回家已經很晚了。」詩詩很委屈地說。

「可是妳已經答應我了，結果現在妳告訴我沒有買！」曉婷也委屈地快要哭了。

「我有我的困難，妳也不體諒一下我，夠了，我今天再幫妳買。」詩詩說。

「我現在就要用，今晚買就不用了！」曉婷說完轉頭就走了。

兩個要好的朋友就這樣一天都沒說話，下了班就各自回家了。

第二天早上，曉婷滿臉笑容來找詩詩，完全看不出昨天的委屈和憤怒。曉婷對詩詩說：「昨天我太衝動了，不應該爲這點小事發脾氣，妳看，我自己去買了。」曉婷說完就拿出了藥。

詩詩不好意思地說：「我昨天晚上原本打算幫妳買，但妳又說不要。」

「沒關係，我昨天剛好有時間就自己買了，還順便買了一支護手霜給妳。」曉婷說完遞給詩詩

一支護手霜。

「我們中午一起去吃個飯吧！」曉婷說。「好啊，我再去找妳！」詩詩說。

就這樣，兩個昨天還鬧矛盾的朋友，第二天就和好了。

曉婷就是典型的社交型同事。她可能會因為一些小事和朋友翻臉，但是很快又會和好如初。

社交型同事的性格特徵

跟社交型同事共事會很愉快，因為他們喜歡交際。「善表達、喜快樂、愛表現、樂助人」是他們的性格特徵。

善表達

在職場中，那些喜歡嘮叨的同事，通常都是社交型的，他們善於表達，不管是開會發言還是平時聊天，只要是他感興趣的話題，他都能滔滔不絕。

喜快樂

每天早上來上班，那個一見到你就滿臉笑容，熱情地跟你打招呼的同事，十有八九是社交型的。他們總是那麼開心、快樂、充滿活力，「積極的人像太陽，照到哪裡哪裡亮」是社交型同事的真實寫照。

愛表現

社交型同事喜歡表現自己。比如，他會說：「哈哈，我終於把這個客戶搞定了！」或者突然跳起來說：「看，我今天穿的衣服不錯吧！」他們這麼做，就是為了吸引別人的注意。

樂助人

「我昨天發現了一間料理很好吃的店，要不要我帶你去吃吃看？」「別擔心，有什麼事情直接來找我！」這些都是社交型同事的話語。他們樂於幫助別人，也期望得到別人的關注。

如何跟社交型同事溝通

「尋求關注和認可」是社交型同事的內心訴求，跟他們溝通的核心是做到「外向開放，甘做綠葉」，三個支撐點是：莫發牢騷、保持距離、欣賞變化。

核心：外向開放，甘做綠葉

社交型同事外向開朗，如果要融入他們的圈子，讓他們把我們當成自己人，我們就必須學會在適當的時候展示我們的外向開放。同時，還要學會做社交型同事的綠葉，襯托他們的「美」。社交型同事像孔雀一樣，人越多，他們越喜歡「開屏」，所以要學會做那個欣賞他們美的人。

我的一個同事小V就是社交型的。他喜歡把自己的頭髮梳得很有個性，每天都穿不一樣的衣服。他唱歌很好聽，每次和他一起去KTV唱歌，我都不會跟他搶麥克風。當他點的歌即將開始時，我會大聲宣布：「接下來，有請我們公司的歌神小V來爲大家獻上一曲！」然後大家就會鼓掌，像小粉絲一樣爲他捧場，小V就會特別開心和興奮。

後來我離開那家公司，他依然把我當成最好的

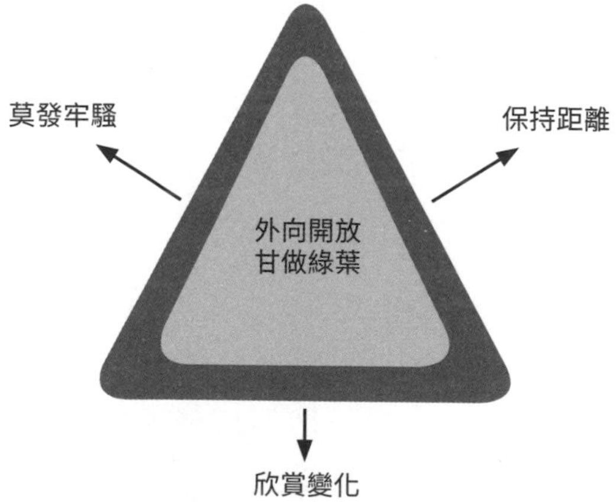

圖6-2 跟社交型同事溝通三支柱模型

朋友。他曾半開玩笑地對我說：「其實只有你眞的懂我！」

社交型的人都喜歡別人讚美他，他們渴望在很多人面前展示自己。你想要透過溝通去影響他們，那就應該給予他們展現自己的機會。同時，還要做到以下三點。

第一個支撐點：莫發牢騷。社交型同事崇尚快樂，他們不喜歡聽別人發牢騷。如果你想發牢騷，那社交型同事可不是正確的傾訴對象，他們喜歡和積極向上、有趣的人交朋友，喜歡聽正能量的東西。

第二個支撐點：保持距離。社交型同事通常不喜歡被束縛，所以不要對他們的生活、做法指指點點，否則你們的溝通只會終止。

第三個支撐點：欣賞變化。社交型同事不喜歡一成不變的東西，他們總喜歡變來變去。作為同事的你，需要包容他們的變化。比如，他換了新髮型，或換了新衣服，你都可以試著去欣賞，他一定會非常開心。

跟和平型的同事溝通：尊重至上，照顧周全

也許你曾經聽過這樣一個笑話：

有一家公司的倉庫突然著火了，大家都急急忙忙去救火，這時，小張慢吞吞地站起來說：「我都說過了，那個倉庫會著火，現在著火了吧？大家不用急，報警等消防員過來就好了。」

結果，等消防員過來時，倉庫都燒光了，公司決定追究責任。

在會議上，大家都把矛頭指向小張：「你的責任最大，不參與救火，還慢吞吞！」

「這怎麼能怪我呢？我可是打電話報警了。」小張不疾不徐地說。

看到這裡，也許你會噗嗤一笑，世界上還有這樣的人？都失火了，還這麼淡定。

的確，有的人不管遇到多大的事，他都不疾不徐；有的人，不管別人怎麼罵他，他都欣然接受，幾乎不會發脾氣。

這樣的人就是典型和平型的人。

和平型同事的性格特徵

和平型性格的同事一般不喜歡和別人起衝突，「追求和諧」是他們的心理需求。「避衝突、好傾聽、喜安靜、易改變」是他們的性格特徵。

避衝突

和平型同事會要求自己做事周到，而且脾氣非常好，因為他們不想和別的同事起衝突。但要注意的是，這不代表你可以欺負他們，一旦你激怒了他們，他們可是會爆發的，而且爆發出來的能量比力量型的同事還可怕。

好傾聽

和平型同事最喜歡做的事情就是聽你講，他們不喜歡作為主導者去公開表達，除非他們的職責是組織者，否則他們寧願做安靜的聽眾。在很多場合都可以看到和平型性格的人存在：開會的時候，他們一般不會主動發言；上課的時候，他們永遠坐在最後一排。他們是很好的傾聽者，而非表達者。

喜安靜

如果你看到一個同事，他可以一整天待在座位上，不管你跟其他同事如何談笑風生，或是大吵大鬧，他似乎都不受影響，專心工作，那麼這個同事多半是和平型的。他們彷彿自帶「遮罩外界干擾體」，可以不受任何干擾，只專注自己的事情。

易改變

和平型的同事遇到壓力的時候，很容易改變自己的想法。儘管他們不喜歡衝動，喜歡安於現狀，但他們很容易受別人觀點的影響，從而改變自己的想法。

如何跟和平型同事溝通

和平型同事由於心理偏敏感，性格偏安靜，所以在跟他們溝通時，一定要做到「尊重至上，照顧周全」，同時做到三個支撐點：多加表達、保持真誠、給予認同。

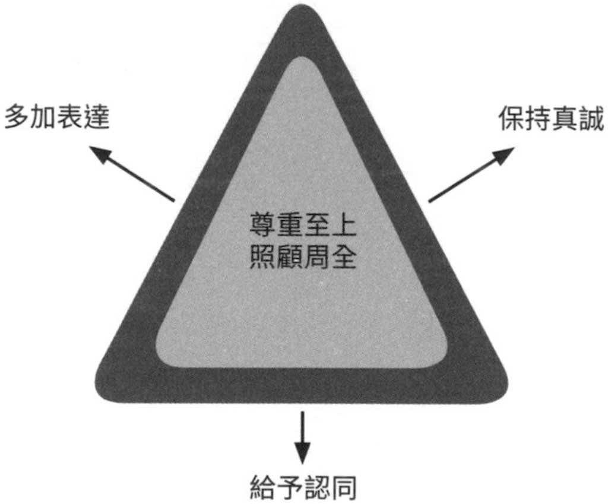

圖6-3 跟和平型同事溝通三支柱模型

核心：尊重至上，照顧周全

和平型同事喜歡一個人靜靜地待著，如果是在人多的場合，他們一般不會主動說話，但是他們內心其實是渴望受到關注和尊重的。在跟他們溝通時，一定要尊重他們，並且鼓勵他們表達自己的想法。如果大家在一起聊天時，你發現有一個人只是默默地聽你們講話，那就不要只顧著自己聊天，要時不時地跟他互動一下，問問他的看法，以此表明你很尊重他，他在心裡就會很感激你。他們不是不想說，而是不知如何說，如果你能夠照顧周全，充分考慮他們的感受，那跟他們的溝通會順暢很多。

第一個支撐點：多加表達。和平型同事不擅長說話，所以這個時候你就要多表達。同時，也要考慮對方的感受，多站在對方的角度去說，讓他感受到你所說的是跟他有切身關係的、是在幫助他的，那你就可以影響他。

第二個支撐點：保持真誠。和平型同事很看重對方是否真誠，他們不喜歡虛偽且說大話的人，他們內心很細膩，所以別想唬弄他們，如果他們感受不到你的真誠，那就不會接受你。

第三個支撐點：給予認同。對和平型同事，要時時刻刻給予認同。當他在表達觀點的時候，要時不時地說：「你說得對。」「沒錯，就是這樣。」以此來表示對他的認可，讓他感受到自己的價值。

跟完美型的同事溝通：嚴肅對待，注重細節

有一天，法國著名雕刻家羅丹邀請摯友奧地利作家茨威格到他家做客。在羅丹樸素的別墅裡，他們坐在一張小桌前吃飯。羅丹溫和慈祥地和這位晚輩交談。

吃過飯，羅丹便帶茨威格到他的工作室參觀。

「這是我的近作。」羅丹說著便把濕布揭開，現出一座女身雕像。「這已完工了吧？」茨威格退到羅丹身後，看著他魁梧的背影說。

羅丹似乎沒有聽見，他沒有回答茨威格的問話，只見他雙眉緊鎖，似在思索地端詳著雕像，忽然他說：「啊，不！還有毛病……左肩偏斜了一點，臉上……對不起，你等我一會兒……」

於是他便拿起刮刀，認眞地修改起雕塑來。隨著一塊塊黏土的掉落，雕塑變得越來越生動。

「還有這裡……還有那裡……」羅丹邊自言自語地說著，邊來回走動，不斷地修改著雕塑。他捏好小塊的黏土，粘在塑像身上，又刮開一些。他完全陷入了創作之中。

就這樣過了半小時、一小時……羅丹完全沉迷於自己的創作中，他完全忘了茨威格的存在。

最後，工作完畢，他才舒坦地扔下刮刀，像一個多情的男子把披肩披到他情人肩上那樣，把濕布蒙上女身雕像，然後逕自走向門外。

快走到門口的時候，他突然看見了茨威格。就在那時，他才記起他還有個朋友在旁邊。他意識到自己的失禮，趕緊驚慌地說：「對不起，茨威格，我完全把你忘記了，可是你知道……」

羅丹就是典型完美型的人。在我們身邊，應該也有這樣的同事：他對待工作非常嚴謹仔細；他對自己和別人做事要求非常高。完美型的同事，有時就是這樣一個「正經而可愛」的存在。

完美型同事的性格特徵

完美型同事平時喜歡一個人安靜地坐在座位上做自己的事情，「厭社交、善反思、喜找碴、很正經」是他們的性格特徵。

厭社交

「我們今晚出去唱歌聚餐吧？」「算了，我今晚想早點回家。」

「公司有個活動，你也參加一下吧？」「我還是安靜地做個觀眾吧，不是很喜歡人多的場合。」

完美型同事總是喜歡待在自己的世界裡，除非工作需要，否則他們更習慣一個人獨處。

善反思

有一次，公司幾個部門開會，有一個同事代表他們部門發言。會後，她悄悄地問我：「我剛剛的發言是不是講得不好？」

「不錯啊。」我說。她的發言在我看來沒什麼毛病。

「可是我總覺得自己講得很普通，我講錯了一句話，下次一定不能再犯同樣的錯！」她懊惱地說。其實，我完全不記得她哪些地方講錯了。

完美型的同事總是會在事後反思自己哪裡做得不好，然後期望自己下次做得更好。

喜找碴

有一次，我在公司的公告欄發了一篇公告。半個小時後，一個同事打電話給我：「你發的公告裡有一個標點符號弄錯了，應該是句號，不是逗號。」我一聽，說：「那個沒關係的。」他說：「不行，你最好修改一下。」直到我說：「好，我修改一下。」他才善罷甘休。

一個小小的錯誤也許在你看來沒什麼，但在完美型同事看來卻是天大的事。

很正經

跟任何人來往，完美型同事都是一本正經的。他們不苟言笑，每次和別人溝通前，都會很有禮貌地說：「您好，請問可以打擾您一下嗎？」然後就事論事地和你溝通，他們不會把話題延伸到溝通內容之外。

如何跟完美型同事溝通

跟完美型同事溝通的核心是「嚴肅對待，注重細節」。三個支撐點是「主動熱情」、「適當幽默」、「體現真誠」。

核心：嚴肅對待，注重細節

跟完美型同事溝通時，首先要嚴肅對待你所要溝通的事情。

我有一個完美型的同事，有一次我去找他溝通如何降低部門離職率的事情。我開玩笑地說：「你們部門的離職率很高耶！」本想開個玩笑把氣氛帶起來，結果他一本正經地來了一句：「哪有啊！有資料統計嗎？給我看看。」我一聽，就知道他誤會了我的意思，我意識到不能這樣跟他溝通，於是我也正經起

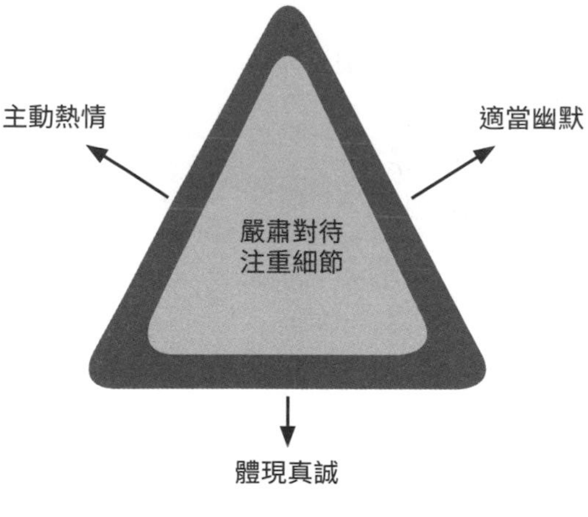

圖6-4 跟完美型同事溝通三支柱模型

來：「開玩笑的啦，你們部門離職率還可以，但我今天過來的目的是想跟你商量有什麼辦法可以把離職率降得更低。」

「哦哦，好的。」他答道。在溝通過程中，我一直把這件事當成一件很重要的事情，而他也很認真地跟我說著他的想法。其次，要注重細節。如果在溝通的時候能夠附帶詳細的資料，那就更能打動完美型同事。在以上案例中，我就帶上了該部門的離職率統計資料，那次溝通很順暢，我們聊了一個小時，就達到了我想要的目的。

跟完美型同事溝通，還要注意以下三個支撐點。

第一個支撐點：主動熱情。完美型同事一般比較被動，表情冷酷，這時就需要我們用主動熱情去感染他們，才能打開他們的心門，讓他們接受我們，用心溝通。

第二個支撐點：適當幽默。完美型同事通常一本正經，他們很多時候不懂幽默，但如果我們能夠適當地幽默，也能促進跟他們的溝通順暢。但要注意的是，幽默時不要太誇張，否則他們會無法理解甚至產生誤會。

第三個支撐點：體現真誠。跟完美型同事溝通時，言語要真誠，讓他們感受到你是在為他們著想。完美型的人對細節十分敏感，加上判斷力極佳，對於別人玩弄伎倆、虛偽奉承，他都了然於心。用你的真誠換他的真心，才是跟完美型人溝通的正解。

Chapter 7

跟下屬如何溝通才有效

要點提煉：

① 一個在關鍵時刻，不站在下屬身邊，不幫助下屬解決問題，只會責怪下屬的上司，是永遠得不到下屬真心擁護的，而他們跟下屬的溝通也永遠是低效的。

② 真正的領導藝術只有一個，那就是把下屬放在心上。下屬犯錯了，你是最大的責任人；下屬成功了，你是最大的受益者。想要真正成為一名受下屬愛戴

與下屬溝通要扮演好兩個角色

傑明是公司的人力資源部經理，有四個下屬。平時，傑明對下屬要求非常嚴格，但對其他部門的同事就非常寬鬆。不管出了什麼問題，傑明都會把負責的下屬狠批一頓。在傑明看來，下屬必須事事做到完美，如果有其他部門的投訴，那一定是下屬做得還不夠。因此四個下屬都很怕他。

有一次，人資部企業文化專員小凱主辦了一場歌唱比賽。在活動籌備過程中出現了一個問題，就是在比賽結束後，公司的音箱沒有及時搬回室內，結果被其他同事弄壞了。而事發地點沒有監視器，最終導致沒有辦法找到當事人。負責音箱設備保管的行政部便向傑明投訴，說小凱失職，應該追究其賠償責任。傑明氣急敗壞地把下屬小凱叫進辦公室。

「這次活動本來好好的，卻出了這樣的事，你是怎麼做事的？」傑明說。

小凱一聽，頓時火冒三丈，說：「音箱的事情我早就交代給行政部的同事要及時搬回去，是他們的問題，憑什麼怪我？你了解事情的來龍去脈嗎？沒弄清楚就這樣批評我！」

「你是不是這個活動的負責人？如果你不是，我怎麼會來問你！」傑明執意要問責小凱。

「是，我是整個活動的負責人，可是你想過我為了這個活動付出了多少嗎？出一點錯就責怪我，其他部門的人難道沒有錯嗎？」小凱辯駁道。

「你確實爲這個活動付出了很多，可是今天找你是關於音箱被弄壞的事情，一碼歸一碼！」傑明說道。

「我覺得我已經盡了主辦者的責任，是執行者出了問題。當然我也有責任，但他的責任更大！你作爲上司，不但沒有幫我說話，還偏袒外人！」小凱生氣而委屈地說。這句話讓傑明無言以對。就這樣，兩人不歡而散。

一個月之後，小凱離開了公司。下屬們對傑明的評價是：一個不會幫下屬說話的上司。平時只懂交代任務，無法完成就說下屬有問題，完成了也不會表揚一句。下屬在工作上遇到困難，他不會幫忙設法解決。所以，在下屬的眼中，傑明是一個只會下命令的上司。

在關鍵時刻，不站在下屬身邊，不幫助下屬解決問題，只會責怪下屬的上司，是永遠得不到下屬真心擁護的，而他們跟下屬的溝通也永遠是低效的。要得到下屬擁護，你需要扮演好兩個角色。

▼第一個角色：清道夫

作為上司，你需要扮演好清道夫的角色。這裡所講的清道夫角色，是指在下屬開展工作的過程中，當他們遇到困難和障礙卻沒有能力解決的時候，你能夠為他們提供辦法、建議去解決。當你扮演好這個角色時，不管你的能力如何，下屬都會真心擁護你。

我有一個朋友，她是一個很受下屬擁護的上司，所以不管她交代什麼任務，下屬都會拚命去完成。下屬無法獨力完成的，她就會和下屬一起去完成。

在她的眼裡，下屬的事就是自己的事，下屬表現不好，就是自己表現不好，下屬的利益受損，她一定會去維護，下屬遇到困難，她一定會幫助下屬解決。在她任職的三年裡，沒有一個人離職，而且連續三年，她的部門都是公司優秀部門。在這三年裡，她也升上了公司副總經理的職位。她說，是自己的下屬成就了她，而她的下屬則說是她帶人有方。

其實，你幫下屬清道，也是在為自己的事業發展和團隊發展清道。

▼▼▼第二個角色：領路人

下屬在工作上，有時會因為遇到很多阻力和困難而失去方向、感到迷茫，這時就需要你扮演好領路人的角色，為他指明方向，並給予他信心，時時刻刻告訴他，只要朝著心中的目標堅持下去，就能早日實現夢想。同時，在具體工作內容上，你同樣需要扮演好領路人的角色。你需要及時糾正下屬在工作中存在的問題，給予他們正確的指導，幫助他們積累經驗，快速成長。

扮演好清道夫和領路人的角色，才可以算是真正成為一個下屬喜愛的上司，而跟下屬的溝通問題也就迎刃而解了。

讓下屬高效工作的ESA模型

前段時間，朋友阿強跟我訴苦：自己的團隊沒有什麼戰鬥力，想了一些改善的辦法，可效果總是不佳。

我問他：「你通常怎麼激勵你的下屬？」

他說：「我很注重溝通，每天開早會爲他們打氣，鼓勵他們努力高效工作。」

我說：「這是很好的團隊建設方式，每天跟他們溝通，應該會有不錯的效果。」

阿強說：「但是下屬的工作積極性並沒有提高，開會的時候非常有激情，開完會後就散了，我也不知道哪裡出了問題。」

聽了他的話，我知道阿強可能是遇到了工作動力不強的下屬。對於這類下屬，每天的鼓勵，效果並不明顯。

我說：「下次在會議上，你不僅僅要爲他們打氣，還要分享一個他們做得不好的典型案例，我相信這樣效果會比之前好很多。」

阿強接受了我的建議。他改了開早會的流程，不再是純粹的加油打氣，還增加了下屬經驗教訓分享會，同時不斷給予下屬支持與鼓勵，告訴下屬大膽做，有什麼問題及時找他，他一定會盡力解決。當實施這樣的分享流程後，下屬的工作效率馬上有了品質上的飛躍。

有的上司在跟下屬溝通的過程中，只會加油打氣，然而單純的加油，只會讓下屬當時很興奮，回到座位後不到半天，又打回了原型。所以以前阿強無論怎麼做，都無法讓下屬有根本的改變。

有的上司跟下屬溝通時只會批評責罵，這會讓下屬很受傷，積極性本來很高漲，可是被上司批評後，馬上又放棄了。

有的上司跟下屬溝通，只會交代任務，只要結果，不要過程，一旦下屬能力不足或者方向稍有偏差，以致偏離了上司的要求，上司就會一頓責罵。

於是，上司和下屬之間的溝通就陷入了瓶頸：不斷加油打氣，下屬無動於衷，最終以批評責罵結束；不給下屬支持與指導，導致下屬做出的結果有偏差，又以批評責罵結束。所以上司和下屬之間，總是無法形成良好的溝通迴圈。

▼▼▼ESA溝通模型

以下的ESA溝通模型，可以幫助你跟下屬之間形成良性溝通，實現讓下屬高效工作的目標。

何謂高效工作？就是下屬願意並且有能力完成上司交辦的事情。那麼，該如何運用這個模型呢？其實，阿強改善了早會流程，正是ＥＳＡ模型的運用。

E（Encourage）：鼓勵

對於下屬，你需要進行正面的鼓勵。據研究，處在鼓勵環境中的下屬，其潛能和優勢的發揮，要比處在批評環境中的下屬，高出五倍以上。下屬的潛能需要激發，而經常透過溝通去鼓勵下屬，是激發下屬潛能的最好方式。告訴他大膽去做，勇敢地挑戰自己，不要畏畏縮縮，什麼事情想好了就去做。

S（Support）：支持

首先你要支持下屬完成工作。不管遇到什麼困難，你都應該告訴他，你會支持他。同時，你也會幫助他解決工作中他無法解決的問題。總之，你的工作就是透過各種資源支持下屬完成任務。光是加油打氣不夠，還要讓下屬能不斷成長，這樣才能提高工作效率，完成交辦的任務。

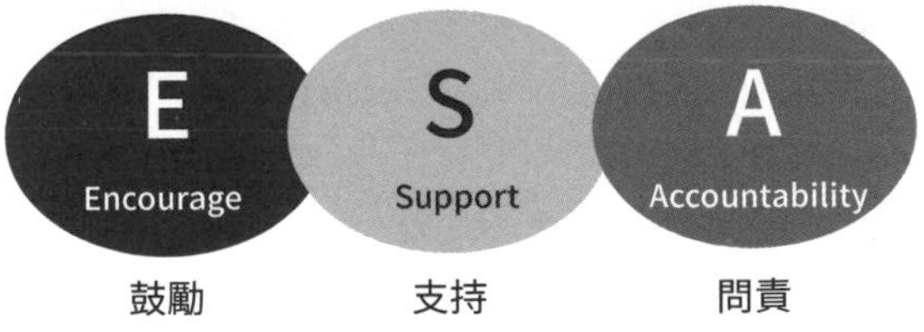

圖7-1 ESA溝通模型

A（Accountability）：問責

下屬在工作過程中一定會犯錯，這時候，我們需要進行問責，讓下屬認知到錯誤。這樣做，一方面讓下屬能夠總結經驗教訓，避免再次出現相同的錯誤；另一方面是給下屬壓力，促使他更加努力地工作。

運用ESA溝通模型的注意事項

要運用好ESA模型，必須注意以下三點：

傳遞正面能量

有的上司上班時總是無精打采，想要讓他帶的團隊有活力，基本上就是癡人說夢。你想要下屬怎麼樣，你自己就要怎麼樣。

我曾見過一個上司，他帶的團隊成員全部是精兵強將，部門年年都是最優秀團隊。他每天都是一副很開心、很有熱情的樣子。我問他：「我看你每天都很開心，很有熱情，難道你沒有不開心的時候嗎？」他說：「有啊，可是在下屬面前，我必須要時刻傳遞正面能量給他們，如果連我都沒有熱情，那下屬就更沒有熱情了。」

是啊，上司的情緒很容易傳染給下屬，要讓下屬有熱情、積極工作，你首先要保持熱情。

積極溝通

一個有活力的團隊，無時無刻不在溝通。上司跟下屬之間，不是有任務要交代時才開始溝通，而是要隨時溝通。一般來說，每天隨時進行非正式溝通，一至兩週保持一次正式會議溝通是有必要的。

說到做到

當我們運用上面的模型，對下屬說「大膽去做，有什麼問題隨時來找我，我會幫你解決」時，這就是對下屬的承諾，我們應該說到做到。下屬有困難解決不了，你就應該積極幫忙解決，這樣才能形成良性互動，否則下屬下次遇到困難時就不會來找你，而且他的積極性也會受到打擊。千萬不要做那種只會說大話的上司，否則會失去下屬對你的信任。

真正的領導藝術，是把下屬放在心上

小許告訴我，他跟上司吵架了。我問他發生什麼事。

他說：「我跟上司實在合不來，總感覺他就是把我當成做事的工具，做得好，沒有表揚，做得差，就是一頓批評。」

我問他：「那你的上司會主動關心你工作上的困難嗎？」

「幾乎沒有，他只關心他交給我的工作有沒有按時完成，工作上有困難，他就覺得我應該自己想辦法解決。」小許說。

「你在公司工作幾年了？業績怎麼樣？」我問他。

「快三年了。雖然上司平時很少關心我，但我還是會努力把工作做好，所以我的業績還是不錯的。」小許自信地說。

「那你的上司跟你談過未來工作發展上的事情嗎？」我問他。

「從來沒有，所以我更不想待在這裡了！」小許有些憤怒。

其實，小許的上司是不大把下屬放在心上的人，這種上司的共同特徵是：只關心下屬是否能夠給他們結果，至於其他事情則一概不關心。

事實上，每個上司都有自己的領導風格，作為下屬，更多的是要適應上司的風格，所以小許也有他自己的問題。而作為上司，雖然需要和下屬保持一定的距離，但也應該把下屬放在心上，為下屬「謀福利」，這樣才能獲得下屬的信賴。只顧工作結果的上司，很難走進下屬的內心。真正的上司者往往都是既有威嚴，又有親和力，管理下屬四兩撥千斤。

▼▼▼幫助下屬解決困難

上司必須能夠在業務上帶領下屬披荊斬棘，能夠給予下屬正確的指導。當下屬在工作中感到迷茫的時候，能夠成為他的領航員，讓他撥開雲霧見月明；當下屬遇到問題向你求助的時候，你能夠給他及時的指點，讓他看到解決問題的曙光；當下屬有壓力的時候，你能夠和他一起發現問題，解決問題。

很多上司都能夠很好地交代任務，卻沒辦法幫助下屬解決困難。每週開完會把任務交代出去，就以為沒有自己的事了，到了下週檢查進度，發現下屬沒有按時完成時就一頓臭罵，也不管下屬是因為什麼原因沒有完成。下屬遇到問題向他求助時，他就很不耐煩，久而久之，下屬也不敢再找他了。

▼▼▼為下屬爭取發展空間

只顧自己升職的上司不是好上司。

一個朋友在大學畢業後進了一家新創公司。在這家公司，他遇到的第一個上司，是一個很會爲他爭取發展空間的上司。他的上司是一個非常嚴厲的人，對於他的問題都會一一指出，讓他修正。每天下班後，上司都會叫他到辦公室，詢問當天的工作完成情況。問完後，針對其中的問題，對他進行輔導。在這一年當中，他成長得非常快，很快就可以獨當一面。後來，公司慢慢開始壯大，需要一個主管，他的上司力排眾議，說服老闆，把他提拔上來。事實證明，朋友完全可以勝任這份工作。他也非常感謝這位上司的知遇之恩。

將來的你，一定會感謝那個嚴格要求你的上司，因為他讓你成長，你也一定會感謝那個懂得欣賞你、敢於提拔你的上司，因為他是你的伯樂。

▼▼▼對事不對人

做上司很重要的一個技巧就是對事不對人，這樣才能讓下屬心服口服。對下屬的每一次批評，都要有事實依據。很多上司做事由著自己的喜惡，看下屬不爽就開口大罵，久而久之，其他下屬也會受影響，對你產生不好的看法。所以在做每一個判斷、每一個評價的時候，都要以事實為依據，這樣才可以在下屬面前樹立權威。

定期和下屬聚會

上司需要跟下屬保持距離，但又不能讓下屬覺得你高高在上。找個合適的時間，跟下屬去打個羽毛球或是聚餐，跟下屬聊聊天，將工作和生活的事情分開，會讓你更容易擄獲下屬的心。

總之，真正的領導藝術只有一個，那就是把下屬放在心上。下屬犯錯了，你是最大的責任人；下屬成功了，你是最大的受益者。想要真正成為一名受下屬愛戴的上司，那就先問問自己：對下屬工作上的困難，你夠關心和重視嗎？

幫助下屬成長是推動與下屬溝通的最大動力

很多上司抱怨，下屬不喜歡跟自己溝通。

也許你很難堪，但其實九十％以上的下屬，並不喜歡主動找上司溝通。為什麼？因為他們認為一旦去找你，只有兩種結果：要麼被批評，要麼工作量增加。所以下屬通常覺得，能少找上司就少找上司。但上司心想，下屬怎麼不主動找我呢？於是，上司和下屬之間就產生了隔閡。

有個朋友阿華是公司的市場部經理。他總是擔心下屬不能按時完成任務，所以他總是去找下屬聊，幾乎是一天三小聊，五天一大聊。他希望透過不斷溝通的方式，來保證自己想要的結果。

其實他的大方向是對的，透過溝通要結果。但是，每次他跟下屬溝通時，都是先問工作進度，如果延期，他馬上就會發脾氣。然後再看看已完成工作的品質，如果發現做得不好，就說下屬沒用心。最後，再給下屬新的任務，這些任務都是他臨時想出來的。久而久之，下屬看到他就害怕，怕他又找他們「溝通」。所以，朋友阿華的下屬特別容易離職。

當你在跟下屬溝通的時候，如果一直重複「溝通—批評—交代任務」的行為，下屬就會將你跟他的溝通定義為「批評—交代任務」，除此之外，沒有別的。如此，他們只會逃避與你溝通，而有效溝通就更不可能了。

還有個朋友，她是公司的人力資源部總監。他們公司有五百人，可是人力資源部只有五個人，即使人少事多，他們部門依然被評爲公司年度優秀部門。

後來跟她聊天，問她有什麼高招可以讓下屬如此高效工作，我也想學習一下。

她抿嘴一笑，說：「沒什麼高招，就是多跟下屬交流。」

「跟下屬交流就可以？」我有點疑惑，因爲我們每天都會跟下屬交流，但也沒有這樣的效果。

她思考了一下，說：「每天的溝通是必須的，當然不會每天都跟每個下屬溝通，但是每天都會找一個下屬溝通。溝通時，主要問問他們的工作進展，有什麼困難等，然後我會針對他們的實際情況來分析原因，再提供解決問題的建議。當然，更重要的是，我會站在他們未來工作發展的角度，幫助他們更快地成長。」

我聽了，發現似乎找到了帶下屬的神器，我希望她告訴我更多。

「很多時候，下屬會更關心自己目前的工作是否跟自己未來的事業發展相關，這才是他們工作的最大動力。我常會跟他們提及這方面的問題。」她繼續說。

「妳不怕他們變厲害了，會跳槽嗎？」我擔心地問。

「作為他們的上司，我覺得他們的成長才是我感到最驕傲的事情，如果他們在我手下變得越來越弱，我反而覺得我的管理能力不行了。」她自信地說。

我欽佩地看著她，說：「難怪妳帶的下屬都是精兵強將啊！」

她聽了哈哈大笑，說：「其實我的幾個下屬都跟著我好幾年了，他們變得厲害後，反而跟我更緊了。當然也有離職的，如果他們想尋求更好的發展，在公司無法滿足的情況下，我也是會支持的。」

「妳每天都去找他們，他們會害怕跟妳溝通嗎？」我試探地問。

「不會！剛開始是我主動找他們，現在都是他們主動找我。」她笑著說。

下屬害怕和你溝通，是因為你總站在自己的角度批評他們，給他們壓力，那他們怎麼會主動找你呢？

你要發自內心地想著怎麼去幫助下屬成長，而不是把他們當成幹活的機器。

那麼，如何透過溝通來幫助下屬成長呢？

首先，保持適度的溝通頻率。剛開始的時候溝通不能太頻繁，太頻繁會讓下屬覺得你總是在監督他。正式溝通頻率最好保持在一至兩週一次，非正式溝通可以隨時進行。

其次，溝通內容要是具體問題、具體分析。正式溝通時一般進行工作內容、下屬個人成長與改進的探討等；非正式溝通一般用來聯絡感情，平時可以跟下屬吃個飯、聊聊家常等。

最後，要向下屬表示你對他的支持。很多上司只會命令下屬幹活，這樣看似無可厚非，但是下屬未必會心甘情願為你賣命。也許他能夠完成你交代的工作，但是如果你能全力支持他，或許他能夠發揮出更大的潛能，將你交代的任務完成得更好。

所以，當下屬向你求助的時候，千萬不要顯得不耐煩，而應該耐心地給他一些建議，幫助他解決問題。即使你當時沒有時間或是你覺得他應該自己想辦法，也應該告訴他：這個問題你先自己想辦法，等實在沒有辦法解決的時候，再來找我。

透過耐心的溝通，讓下屬覺得你是他的靠山，自然而然他就願意來找你溝通，而且他也會努力完成你交代的工作。

跟力量型的下屬溝通：適當放權，就事論事

有一次，我交代了一個舉辦銷售人員徵才會的任務給一個下屬，我要求他先做一個方案出來，然後再按照方案計畫一步步去完成每一件事情。我對他一直充滿信心，因爲之前每次交給他任務，他都能夠很快完成。可是這一次等了好幾天，他都無法給出我想要的結果。於是，我決定催他一下，因爲我擔心他無法按我的要求及時完成。

我：「最近工作有新的進展嗎？」

他：「正在進行中。」

我：「能按時完成嗎？」

他：「請放心，絕對可以！」

於是，我放心了。可是，幾天之後依然沒有結果，我便急了：「活動都在按計畫進行吧？我看了一下，有不少工作還沒做呢！」

他：「請放心，不用天天催我，也不用監督我，這件事我絕對比您還放在心上，而且我也一直

在忙這件事。」他似乎對我的催促有點不滿。

我看他自信的樣子，心想：那就看他自己的表現了。我決定讓他自由發揮，看他能做出什麼來。最終，在我要求的時間內，他成功舉辦了這場活動，而且效果非常不錯。

我這個下屬，其實就是力量型的人，他非常看重個人的自由發揮。如果你也有一個這樣的下屬，那就有必要了解以下內容。

▼▼▼ 力量型下屬的性格特徵

力量型下屬可以說是讓上司省心的下屬，因為他們總能給你想要的結果。「工作狂、行動快、執行強、有主見」是他們的性格特徵。

工作狂

力量型下屬總是害怕沒事做，他們通常閒不下來，辦公室裡那個忙得最不可開交的人就是他。他們認為，閒下來意味著虛度光陰。所以這個世界上真的有這種人，他們會說：「我覺得在公司沒什麼事做，所以我想離職。」力量型的下屬，絕對是幫你分擔工作的最佳人選。

行動快

力量型下屬是行動力非常強的人，他們做什麼事情都講究快。你在交代任務給他的時候，他可能已經想好下一步怎麼走了。

執行強

力量型下屬說到做到。也許在做的過程中，他們會比較少彙報，但是總能把你想要的結果交上來。他不喜歡上司過多的監督。

有主見

力量型的下屬對事情都有自己的想法，所以他們往往是按照自己的想法去做事，如果你像父母一樣手把手教他，他一定會有點不開心，因為他們覺得你不是很相信他的能力。他會說：「這些我都知道，不用你教我！」就算他願意聽你的，也不一定會按照你的想法去做。

▼▼▼ 如何跟力量型下屬溝通

力量型下屬有自己明確的目標，做事雷厲風行，要和他們溝通順暢，必須要做到「適當放權，就事論事」，同時還要做到三個支撐點：說話直接、堅決果斷、充分信任。

核心：適當放權，就事論事

在溝通過程中，一定要讓力量型下屬感受到你的適當放權。上司：「這件事情交給你辦，你一定行，放手去做！」下屬：「好的，請放心，我一定把這件事做得妥妥貼貼！」

他們希望有自己發揮的空間，所以交代任務給他們時，只需要將工作標準和想要的結果講清楚就好，至於中間的過程怎麼樣，讓他們自己去把握。同時，不要過於頻繁地去追問他們的工作進展，他們會認為這是對他們能力的不信任。

在溝通時，還要做到就事論事。無論是批評還是表揚，都應該針對具體的事情，千萬不要做出對他們個人的具體評價。比如有一天他們遲到了，千萬不要說：「你怎麼老是遲到！」這樣他們一定會很憤怒，

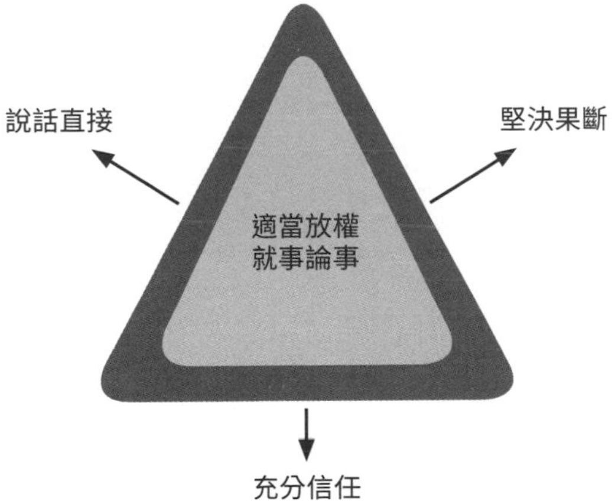

圖7-2 跟力量型下屬溝通三支柱模型

應該要說：「今天遲到了，雖然沒有太久，但還是不大好，下次要避免再出現遲到的情況。」

要跟力量型下屬順暢溝通，還需要做到以下三個支撐點。

第一個支撐點：說話直接。力量型下屬希望你是一個說話直接的上司，這樣他們才會覺得你是一個可靠的上司。如果你說話模稜兩可或是太囉嗦，他們的執行力就會大大降低。就像《西遊記》中的唐僧愛嘮叨，作為力量型下屬的孫悟空就受不了囉嗦。所以對力量型下屬，說話別拐彎，也別說廢話。

第二個支撐點：堅決果斷。力量型下屬是很有氣場的人，在他們看來，只有堅決果斷的上司才能讓他們心服口服。溝通過程中，如果你說話猶猶豫豫，他們就會對你說的話半信半疑，執行的效果就不會太好。所以，在跟他們說話的時候，最好不要出現「可能」、「差不多」、「應該」等字眼，而要多說「一定要」、「必須」、「絕對」等字眼。

第三個支撐點：充分信任。力量型下屬最渴望的就是上司對他們的充分信任，所以在跟他們溝通時，要多說「你放手去做，我相信你」、「你一定可以完成的」、「交給你，我很放心」等話，這會大大提高他們的工作熱情。

跟社交型的下屬溝通：多加肯定，鼓勵創新

有一次，下屬小米給我一份入職審核表，請我簽字。我平時很少會注意審核欄的具體內容，更多的是關注面試者的具體資訊。但那天我一拿到入職審核表，就發現了新的變化：入職審核簽字欄中增加了「人資專員意見」欄。

我把小米叫進辦公室，說：「爲何簽字欄中增加了『人資專員意見』欄？」

小米說：「是的，我增加的。因爲每次初試都是我負責，但是我都不用簽字就交給你簽字，這不大合理。」

我想想也是，就說：「但是也不用那麼頻繁地變動，上個月才改了一次。」上個月他才剛將這個入職審核表的格式改了一遍。

小米：「那時沒考慮到這個，最近使用的過程中才發現了這個問題。」

聽了他的話，我知道他也是爲了使工作流程更加完善，但是他太快就改變一樣東西，這很容易出問題。

我：「下次要改的話，要提前跟我說一下。」我想引導他往更好的方向走。

其實，我很了解下屬小米，他是一個社交型的人，善於改變是他的性格。作為上司，我有必要遵循他的性格規律，引導他往更好的行為方向。

社交型下屬的性格特徵

願嘗試

社交型下屬很願意嘗試新的東西，所以，如果有新的任務交給他們，他們會很願意接受。對他們來說，新鮮的事物永遠是充滿誘惑的。如果哪天覺得在公司沒有嘗試的機會，他們會因為厭倦而離開公司。

愛表現

無論是在部門的聚會上，還是在公司的活動上，社交型下屬都會很活躍。如果他們才藝過人，也會透過各種機會吸引別人的目光。他們渴望得到別人的欣賞來獲得內心的滿足。

喜變化

就像下屬小米一樣，他們喜歡變化，不喜歡一成不變地工作。社交型的下屬非常適合做那些需要採用不同方法才能完成的工作，因為他們總是在尋找變化。

厭壓力

社交型下屬不喜歡上司總是給他們壓力，但這不代表他們會因此而偷懶。其實他們也是有目標感的人，但是他們更喜歡自由。那該怎麼激勵他們呢？可以採用俏皮一點的方式，比如，你可以用朋友的語氣對他說：「所有人都完成工作了，就差你一個，再拖下去就要處罰囉！」這種溝通方式的效果，會比你直接給他壓力好一點（儘管這也是壓力的一種）。

如何跟社交型下屬溝通

社交型下屬的性格特徵，在於他們喜歡別人的欣賞與肯定。所以，跟社交型下屬溝通的核心是「多加肯定，鼓勵創新」，三個支撐點是「要求具體、多加指導、及時鼓勵」。

核心：多加肯定，鼓勵創新

我有個朋友是一家上市公司的市場部總監，他有一個下屬是社交型的。每次部門去聚會，這個下屬總是他們這群人中最活躍的。

有一次出去吃飯，菜上來之後，朋友說：「來，請我們部門的活躍之星先開動！」這個下屬一聽，笑得合不攏嘴，然後大家的焦點就全放在他的身上了，他也很享受這個過程。

此後，每次把工作交代給他，他都會非常及時地完成，工作積極性很高。每次開會，朋友都會說：「我們的活躍之星這段時間工作得非常不錯，希望繼續保持，大家也要向他多學習！」

後來，這個下屬改正了一些不好的工作習慣，工作越來越出色，他得到的肯定也越來越多，最終形成良性循環。一年後，他被派往分公司，負責分公司的管理工作。

這個下屬就是在朋友的肯定和鼓勵下，不斷成長爲更好的自己。

要跟社交型下屬有效溝通，還要做到三個支

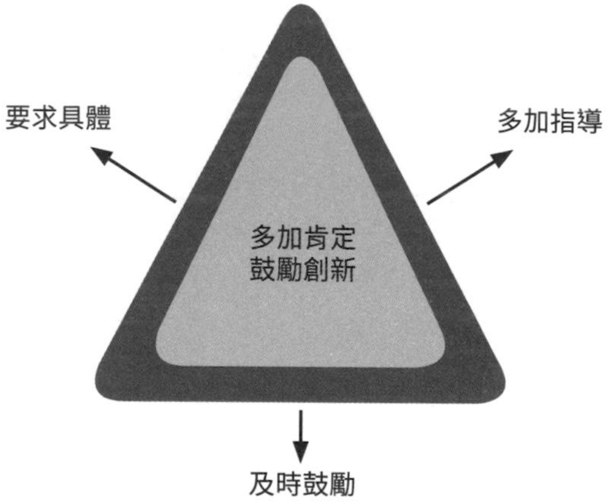

圖7-3 跟社交型下屬溝通三支柱模型

撐點。

第一個支撐點：要求具體。社交型下屬有時較為隨性，所以工作往往缺乏標準，喜歡天馬行空，如果你對他們沒有具體要求，他們有可能會走偏，導致做出來的結果不是你想要的。所以在跟他們溝通工作時，一定要給出具體要求，讓他們在你的框架下進行發揮，這樣不管他們怎麼變化，都不會出現走偏的現象。

第二個支撐點：多加指導。社交型下屬做事喜歡憑感覺，他們也許會有很多自己做事的方法，但未必有效，所以容易出錯。因此，要在他們做的過程中多加指導，而且這種指導，一定要在肯定他們的前提下進行。

第三個支撐點：及時鼓勵。社交型下屬很渴望上司的鼓勵，如果沒有鼓勵，他們的工作欲望就會降低，甚至因此情緒低落。所以在工作的過程中，可以問問他們的進展情況，他們一定會很有熱情地跟你講述，這時可以對他們說：「做得不錯，再加把勁就更好了！」及時的鼓勵，會讓他們更加出色。

跟和平型的下屬溝通：多加關懷，鼓勵發言

有一次，我去一個客戶的公司拜訪，客戶和他的一個下屬參加了這次會面。在會議開始前，客戶突然大聲對下屬說：「怎麼沒給客人倒杯水？」下屬聽了先是一愣，幾秒才緩過神來。我趕緊說：「不用，我不渴。」我想幫助下屬解圍。

「要的，這是最基本的。」客戶說完看了看下屬，下屬這才慢慢起身走出去。客戶說：「這個下屬就這樣，做事很慢。」

我問：「你平時跟他的合作還順利嗎？」客戶開始向我吐苦水：「一點都不，每次我都急得要命，他還慢吞吞的，不過每次罵他，他都不會有意見，也會接受。現在是用人之際，先用著吧。」

聽到這裡，我心裡很明白：作爲力量型的上司，很難對和平型下屬緩慢的行動有好的印象，除非了解和平型下屬的性格特徵。

對和平型下屬來說，嚴厲的上司簡直就是災難，他們會認為這樣的上司是冷血動物。要想跟和平型下屬溝通，必須走進他們的心裡。

和平型下屬的性格特徵

慢半拍

據說曾在中國舉辦過一項調查，關於和平型的人哪裡最多，結果是四川成都，因為成都是慢節奏的城市，和平型的人會在那裡找到歸宿。很多時候，把一項工作交給和平型下屬，他們會慢慢地去完成，因為他們對任務的緊迫性不敏感。

有愛心

和平型下屬可愛的地方是樂於助人，他們會體察身邊同事的難處，並會問對方有什麼需要他幫忙的。如果你有事想請他幫忙，那他會毫不猶豫地捲起袖子幫你。

善忍耐

和平型的下屬喜歡把心思隱藏起來，就算上司批評他、罵他，他也不會當面頂撞，所以如果哪天和平型下屬離職了，你才會知道他對你不滿意。

喜彙報

和平型下屬喜歡彙報工作，因為他們不喜歡決策，當他們遇到問題時，總會馬上回饋給上司，期待得到上司的支持。對他們來說，決策是一件困難的事情。

如何跟和平型下屬溝通

和平型下屬不會主動表達觀點和情感，所以，在你的眼裡，他們只會埋頭做事，其實他們只不過不想因為過多與人接觸而產生衝突，他們害怕不和諧，也因此很容易妥協。所以，跟他們溝通的核心是「多加關懷，鼓勵發言」，三個支撐點是「培養感情、態度親和、提供支援」。

核心：多加關懷，鼓勵發言

在你的團隊中，總有著不同性格類型的下屬。每次部門聚餐唱歌，你總能看到他們不同的表現：有的人搶著唱歌，有的人默默坐在角落聽別人唱歌。此時，你應該多多關懷那些默默坐在角落的下屬，他們

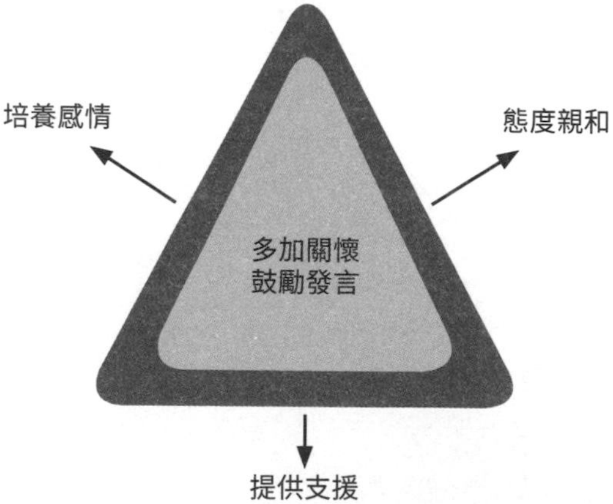

圖7-4 跟和平型下屬溝通三支柱模型

通常都是和平型的人，其實他們內心也渴望得到關注，如果你把他們丟在一邊，那他們下次可能會說：「聚會我就不去了。」這樣，你的團隊就不再具有凝聚力。此時，我們可以說：「來，我們有請（和平型下屬）給我們來一首。」也許這簡單的一句，就能夠打動他們、溫暖他們。他們一定會推託，但你要堅持。除了多關懷，在工作上一定要指導他們事先計畫。因為他們喜歡慢節奏，這往往會拖延工作進度，做好計畫有助於督促他們加快進度，也會對你們之間的溝通產生積極作用。

要跟和平型下屬順暢溝通，還需要做好三個支撐點。

第一個支撐點：培養感情。和平型下屬喜歡講感情，他可以很細膩地感受到你的關心和愛護，你對他好，他也會對你好。所以，要注意和他建立良好的關係，私底下要把他當朋友，不要和他有過多的距離感。

第二個支撐點：態度親和。在和他溝通時，你的態度好壞將決定他對你的好感程度。即使在他做錯事的時候，也不要在他面前發脾氣，而要很有耐心地教導他，才能收獲他的真心。當他覺得你像一個慈祥的老師時，他就會努力工作。

第三個支撐點：提供支援。和平型下屬不喜歡決策，所以他希望自己的上司在工作上是一個很厲害的人，能夠給予他充分的支援，如果他看不到你在工作上給他的支持，他就會慢慢偏離你的領導，產生想走的念頭。所以平時在下達任務的時候，一定要給他指導，在他遇到困難的時候，及時為他解答疑惑。

跟完美型的下屬溝通：指導明確，適當妥協

朋友小潔是一家世界前五百強公司的研發助理。有次她告訴我，她跟她的上司吵架了：「上週，上司拿了一份報告給我，請我寄給供應商，那是一份關於公司產品的介紹。我看了一眼，發現裡面有一個錯字。我覺得即使這是一份不怎麼重要的資料，但也要展現專業，怎麼可以這麼馬虎呢？」

於是，小潔去找上司，並告知需要修改。

上司一聽，似乎很不開心，說：「就一個錯字，沒關係的，修改完又要重新列印有點麻煩，而且也不是很重要的東西，不用了。」

上司這樣的態度讓小潔很不悅，但她忍住了心中的不悅，說：「我覺得任何報告都應該要展現專業，如果您沒有時間，我幫您修改吧。」

「不用了，出什麼問題我負責，妳按照我說的去辦就可以了。」上司很堅決地說。

小潔沒有辦法，只得照辦，可是心裡很不舒服。

我聽了她的敘述後，開玩笑地說：「妳也太認眞了吧！這點小事，聽上司的就好。」

她一聽，便反駁我：「這不是小事啊，裡面都有錯字了。這樣寄過去，供應商會覺得我們做事很馬虎，而且會認為我們公司的人都這樣，會影響公司的形象啊！而且上司不只一次這樣了，我發現他有好幾次做事都不認眞。我受不了他這種散漫的個性。」

我聽了，其實很理解小潔的行為，因為我知道她是一個完美型的人。

完美型的下屬內心都會有一把尺，用來衡量上司。在上司眼裡，一個錯字不算什麼，可是在朋友小潔眼裡，卻是天大的事。

完美型下屬的性格特徵

完美型下屬有以下四個性格特徵：

重細節

在完美型下屬呈交的報告裡，絕對找不到一個錯字。在他們的辦公桌面上，絕對看不到凌亂的樣子。與他相處時，他總能輕易地發現你沒有發現的錯誤。

喜進步

永遠不用擔心完美型下屬的上進心，他們對自己要求很高，總是要求自己不斷進步。如果他們不小心犯了一次錯，那他們就不會再犯，因為他們對錯誤非常敏感，不允許自己再出錯。

喜認真

他們有時腦筋會轉不過來，你跟他們說什麼就是什麼，有時跟他們開玩笑，他們會以為你說的是真的，所以跟完美型下屬溝通時不要太過輕浮。

很理性

完美型下屬傾向於透過理性思維來看待世界，這也是他們的優勢。他們在思考問題和解決問題的時候，不會摻雜過多的個人情感，只會就事論事。完美型下屬在思考解決問題方面，總能給上司很多可行的建議。

如何跟完美型下屬溝通

完美型下屬做事認真，所以跟他們溝通的核心是要做到「指導明確，適當妥協」，溝通的三個支撐點是「有條有理、尊重理解、追求卓越」。

核心：指導明確，適當妥協

完美型下屬在工作過程中，對具體的標準會有很大的敏感性，因為只有有標準，他才能做得更加完美。所以交代任務給他時，如果這樣說：「今天你去機場接待一個客戶，記得要好好接待。」這樣的表達也許會讓他丈二金剛摸不著頭腦，他一定會猶豫該怎麼做。如果你說：「今天你去機場接待一個客戶。要做到這幾點：第一，提前跟公司申請派車，要派最好的車，因為這個客戶很重要；第二，要在十點前到機場，因為客戶十點十五分下飛機；第三，接到客戶後打通電話給我。」有了這些明確的指導，完美型下屬會立刻去做，並且會比你想得更細，做得更好。

完美型下屬一旦認定某件事情是對的，就不會輕易向任何人妥協，包括自己的上司，所以在一些非原則性且無傷大局的事情上，沒必要跟他們認真，有時做出適當的妥協，會讓溝通更加順暢，且能確保良好的效果。

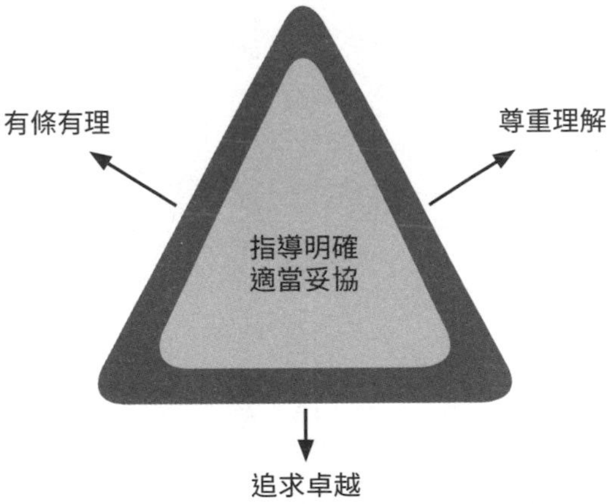

圖7-5 跟完美型下屬溝通三支柱模型

跟完美型下屬溝通時，還要做到三個支撐點。

第一個支撐點：有條有理。跟完美型下屬溝通時，一定要確保你的表達是有條有理的。可以採用前面章節中介紹的結構化表達方式，讓他能夠感知到你的條理性，這樣他就會迅速接受你。

第二個支撐點：尊重理解。完美型下屬喜歡根據自己的認知標準去判定世界，所以他們很容易走進死胡同，這個時候，他們渴望別人、特別是上司的理解，如果上司不理解他們為什麼這樣做，他們會很受挫。對於他們認定的標準，應該表示尊重和理解。

第三個支撐點：追求卓越。完美型下屬總希望別人跟他們一樣不斷追求進步，對上司更是如此。如果他認為自己的上司是一個很懶散且沒有上進心的人，他會因此看不起上司。所以如果你對工作沒有那種追求完美的心態，他會覺得你只是在混日子，不值得他追隨。因此，在跟完美型下屬溝通時，一定要向他們展示你的高標準和高要求。

Chapter 8

懂人性，才能煉成溝通高手

要點提煉：

① 有時候，溝通是否有效，取決於你說的話是否直擊人心，而是否能直擊人心，關鍵在於你說的話是否能觸及人性的本質。

② 人性是人普遍具有的本質屬性，在與人溝通時，若能掌握人性中的弱點或對方最看重的一點，就能增強我們溝通的力量。

溝通工具：

① 身分感溝通四維模型（見圖 8-2）

② 受益感溝通四維模型（見圖 8-3）

③ 飢餓感溝通四維模型（見圖 8-4）

④ 恐懼感溝通四維模型（見圖 8-5）

⑤ 尊重感溝通四維模型（見圖 8-6）

⑥ 自豪感溝通四維模型（見圖 8-7）

所謂會溝通，就是懂人性

曾聽爺爺講過一個故事。

一九六三年，家鄉鬧饑荒。所有人爲了塡飽肚子，都會努力勞動，以求獲得更多的糧食分配。但總有想不勞而獲的人，他們想要透過不正當的手段來獲取勞動成果。有一天，爺爺正在吃飯，突然聽見房間有聲響，爺爺一看，發現是徐明，他正在偷糧食。爺爺立即抓住他，奶奶在一旁叫嚷，要把他送到派出所。那時，竊盜罪是很嚴重的罪名。如果把他送到派出所，他這輩子可能就毀了。其實爺爺跟徐明一家有過接觸，覺得徐明不像偷雞摸狗的人。於是，爺爺問他：「你怎麼走到這一步？」

徐明低著頭，輕聲說：「最近母親生病了，家裡沒什麼糧食，我想給母親吃好一點，養身體，我看到你們家平時糧食很足夠，所以我就想冒一次險，這是我第一次這麼做。」

「我要把你送到派出所！」奶奶大聲說。

「求求你們，放過我這一次，我母親還病著呢！我下次不會了！」徐明哀求著。

爺爺知道徐明並不是一個心腸很壞的人，所以他說：「孩子，以後好好做人，好好勞動，用你的能力爲你的家人創造美好生活。如果你被抓進去了，你母親怎麼辦？你今天趕緊回家吧！」

徐明一聽，眼淚嘩地流了下來，說：「我以後會好好做人的！」爺爺去世後，徐明曾跟我說，當時，爺爺說的話有兩點觸動了他：第一是他可以用自己的能力改變生活；第二是如果他被抓，他的母親將沒人照顧。第二點讓他感到恐懼，也促使他改頭換面。

有時候，一次溝通是否有效，取決於你說的話是否直擊人心，而是否能直擊人心，關鍵在於你說的話是否能觸及人性的本質。

古希臘神話中有一位偉大的英雄阿基里斯，他有著超乎普通人的神力和刀槍不入的身體，在激烈的特洛伊之戰中，他無往不勝，取得了赫赫戰功。但就在阿基里斯攻占特洛伊城之際，他的對手太陽神阿波羅一箭射中了阿基里斯的腳後跟，這是他全身唯一的弱點。

原來在他還是嬰兒的時候，他的母親、海洋女神特提斯曾抓著他的腳後跟，把他浸在神奇的斯堤克斯河中，被河水浸過的身體變得刀槍不入，可是被母親抓著的腳後跟由於浸不到水，成了阿基里斯全身唯一的弱點。母親造成的這個唯一弱點要了兒子的命！

人性是人普遍具有的本質屬性，在與人溝通時，若能掌握人性中的弱點（如同阿基里斯身體上唯一的弱點）或者對方最看重的一點，就能增強我們溝通的力量。

在這一章，我總結出六大人性特點，把握好這些關鍵點，才能真正成為職場溝通的高手。

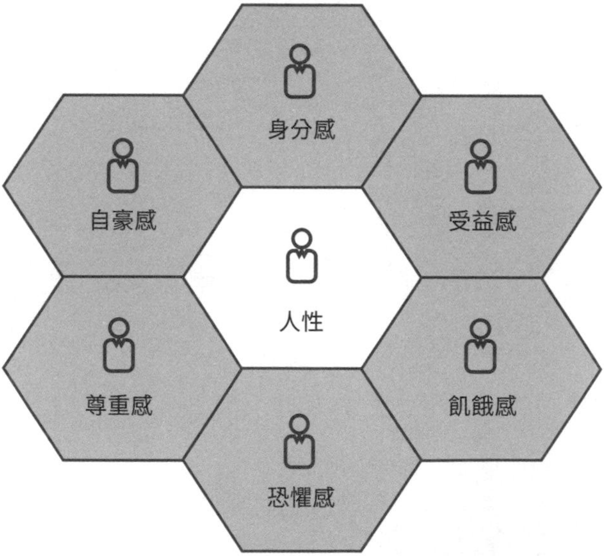

圖8-1 基於人性的六大溝通模型

身分感：如何讓大人物願意跟你溝通

以前在公司上班的時候，作為公司尾牙的主辦者，每年尾牙開始前，我都會認真核對頒獎嘉賓的身分。因為一旦出錯，很可能會給自己帶來麻煩。曾經有一個朋友跟我分享過他的一個故事。

有一次，他組織了公司的經銷商大會，同時擔任主持人。大會開場時有一個介紹來賓的環節。他從最高職位開始介紹，當介紹到公司的行銷部門時，由於行銷一部的馬總和行銷二部的李總職位名稱和職級是一樣的，所以他這樣介紹：「還有來自行銷一部的行銷總監馬總和行銷二部的李總。」李總一聽，臉色馬上沉了下來。

經銷商大會結束後，李總去找我朋友，問他：「你懂不懂主持？職位和職級都介紹錯了！」朋友一聽，方才醒悟過來。

其實這個錯誤並不大，卻被李總人性中的「身分感」無限放大了。人是很奇怪的動物，表面上常說自己不重視這些虛無的身分，但在大家面前還是會非常介意，特別是大人物。所以，跟職場中的大人物打交道時，身分感是我們絕不能繞過的溝通奧祕。

身分感就是對人的出身和社會地位的感知。人們通常是有身分等級的，例如在中國古代，身分等級森嚴，正所謂：「君要臣死，臣不得不死；父要子亡，子不得不亡。」其實就是身分感的具體體現。

在現代社會，身分感在人與人的溝通交流中依然發揮著巨大的作用，特別是跟大人物的溝通。

也許你曾遇過以下這些困惑：

你想跟一個大人物溝通，卻不知道從何入手。

你想跟一個大人物溝通，他卻總給你吃閉門羹，總是說下一次。

你想跟一個大人物溝通，卻發現自己無論打幾次電話給他，他都說沒有時間。

大人物擁有的資源比你多，職位比你高，頭銜比你多，也許年齡還比你大，搞定大人物，才可以讓你的職業有飛躍性的提升。

身分感溝通模型

那麼，如何在溝通中搞定大人物呢？在這裡介紹一個溝通模型：身分感溝通模型。

使用這個模型，有以下幾個步驟：

了解大人物的身分感需求

當我們打算跟某個大人物溝通時，可以先大概了解這個人的身分、興趣愛好、看重什麼等。

製造身分感

在第一次跟大人物面對面溝通前，我們要提前進行書面溝通，例如可以寫email，重點描述你對他的崇敬，最後用一兩句話陳述你為什麼要拜訪他，務必要讓他覺得你很尊敬他。當然，這些話也可在面對面溝通時進行。比如，我第一次去拜訪某公司的一位行銷副總，見到他，我就對他說：「張總，您是我們這個行業行銷領域的泰斗級人物，能跟您合作，是我的榮幸啊！」這就是給對方製造身分感，結果他迅速接受了我。在接

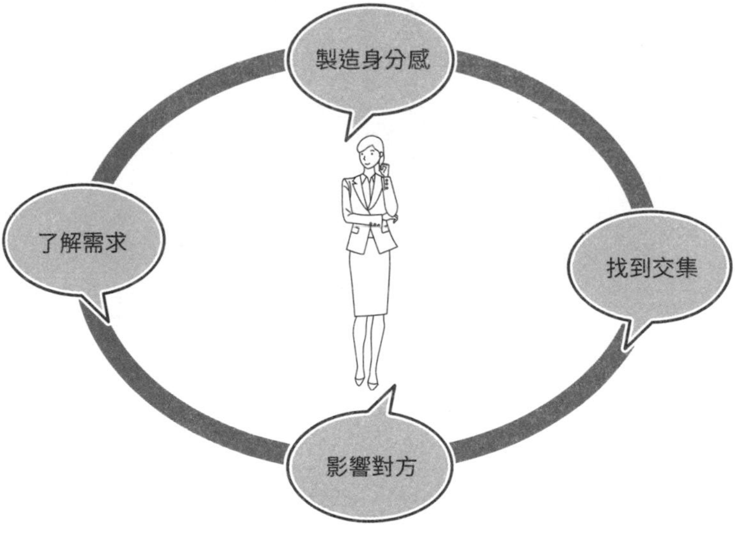

圖8-2 身分感溝通四維模型

下來的時間裡，他跟我無話不聊，還說以後有什麼事就找他。

找到交集

這是跟大人物溝通的關鍵一步。在跟他們溝通的時候，一定要時刻尋找與他們的交集點。

有一次，我去拜訪一個老總。剛開始我非常忐忑，因為我聽說這位老總性格非常暴躁，而且平時很忙，事情非常多。在去的路上，我想能夠跟他聊十分鐘就不錯了。進到他的辦公室後，我一眼就看到牆上有一張碩大的合照。我禮貌地向他詢問這張照片的由來，他告訴我，這是他在清華大學讀ＭＢＡ時的畢業照。我一聽，就知道該怎麼和他聊天了，因為我也曾經在清華大學研究所就讀過。就這樣，我找到了和他的交集點，也跟他進一步拉近了距離。

其實，找到與大人物的交集點是滿足對方身分感的最高層次。

影響對方

當我們和對方有了交集，就能夠很容易地影響他們，讓他們願意跟我們溝通，從而達到我們想要的溝通目的。

跟大人物溝通的注意事項

位置決定嘴巴

這是溝通中的對應原則。你的屁股坐在什麼位置，就要說什麼話。

有一個朋友，職位是售後工程師。有一次，他去客戶那兒進行售後服務，當時那家公司的老總也在現場，朋友跟這位老總吹噓自己家的產品有多好，最後又說了一句：「我要代表我們公司全體員工感謝您，選擇了我們公司的產品。」後來，這位老總打電話給朋友公司的老闆，說這個售後工程師只會吹噓、不認真做事，下次不要再派他過來服務。

可見，我們說跟自己職位相應的話有多重要。說得過頭了，會給別人一種不務實、不謙虛的印象，大人物可能因此看不起你。

適當說好聽話

從前，有一個人，因爲他經常給別人戴高帽（用好聽的話奉承人），所以做什麼事都很順利。

有一次，他要到外地去任職，臨行前特意去老師處拜別。老師語重心長地對他說：「到外地去當地方官很不好當，你要特別小心謹愼。」他胸有成竹地說：「老師放心，我已準備一百頂高帽，逢人就送一頂，這樣我在任期間就不會出什麼問題了。」老師聽了很生氣，訓斥他道：「爲官應正大光明，關心群眾的疾苦，千萬不能搞一些歪門邪道，你這樣是不會受到人民愛戴的，切勿如此。」這人說：「現在的人，像老師這樣不喜歡戴高帽的，恐怕一萬個人中也沒有一個，老師這種精神實在可敬。」老師聽了非常高興。

剛從老師家出來，他就笑著對別人說：「我準備的一百頂高帽，剛剛已經送出一頂，只剩九十九頂了。」

也許有人不喜歡拍馬屁的人，但所有的人都喜歡聽人家說好聽話。跟大人物溝通，要學會抓住機會適當說好聽話，這會讓溝通更加順暢。

有自己的一把「刷子」

在跟大人物溝通時，如果要取得良好的效果，就應該具備足夠的專業。夠專業，不是說必須懂很多知識，而是應該表現出足夠的專業度。例如，方案要展現出專業性，外在形象、談吐也要顯得專業等，這些表現會讓你更容易得到大人物的認可。

受益感：如何讓不熟悉你的人為你做事

我有一個女同學，職業是護士，她因爲家裡臨時有事，需要請假半個月，她的上司說請假可以，但是需要有人幫她代班。於是，她開始問同事能不能幫忙。熟悉的同事都無法幫她代班，而不熟悉的同事，她去找了幾個，但都委婉地拒絕了她。

她很苦惱，向我詢問該怎麼辦。

我說：「別人拒絕妳，是因爲妳還沒有找到他們的利益點。」我告訴她，試著把她的利益和同事的利益綁在一起，他們就會幫忙。

她按照我說的去做了。她找到一位同事，說自己臨時有事，想請對方幫自己代班。同事一聽，有點猶豫，正想拒絕，她馬上又說：「你幫我代班，下次我一定幫你代班。」同事聽了有點動搖。她繼續說：「我知道代班很辛苦，但會有加班費可以給你。等我回來之後，再拿家鄉的特產給你，讓你嚐嚐我們家鄉的美味。」

這位同事終於點頭答應了。

其實，這就是受益感在起作用。受益感，就是使別人有一種占小便宜的感覺。這是人性中極為原始的需求。

可以說，受益感在人與人的交流溝通中無處不在。

如果你在賣衣服，在關鍵時刻，你說：「我少賺一點，再給你便宜一百元。」相信對方十有八九會心動，說不定馬上就成交了。

如果你在談判的關鍵時刻說：「這樣，我們一人退一步，採取折衷方式。」那麼，相信大家都會認可你的要求。

如果你請求別人幫你做事，在關鍵時刻，你說：「就當幫我一次，事成後，我一定會重重答謝你。」相信如果事情不麻煩，對方應該會答應幫你。

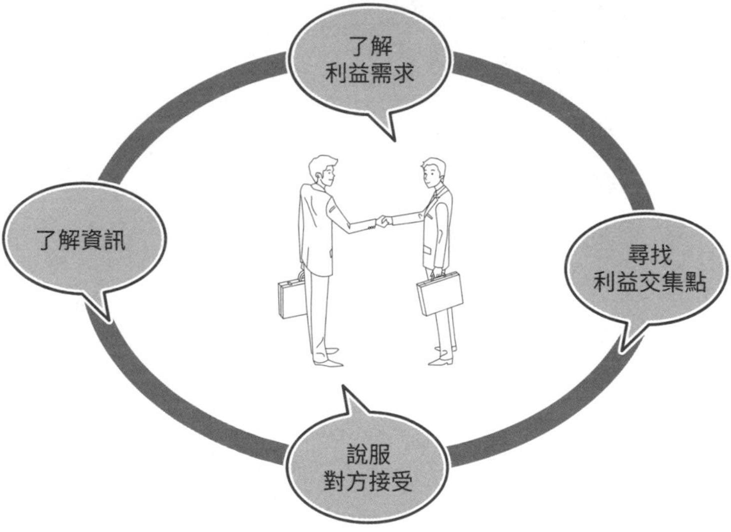

圖8-3 受益感溝通四維模型

受益感溝通模型

關於受益感，有一個受益感溝通模型。這個溝通模型，會幫助你在請求他人做事、說服別人幫助你等場合無往不利。接下來，說說這個模型如何使用。

了解基本資訊

在跟別人溝通之前，首先要了解對方的基本資訊，比如他的性格、興趣，以及對本次溝通，他最看重什麼等。這些都是在溝通前必須要了解的。

了解對方的利益需求

了解對方在本次溝通中的利益訴求。每個人在溝通中都有自己的利益訴求，了解對方的利益訴求，才能做到知己知彼，百戰不殆。

尋找雙方利益的交集點

在了解對方的利益訴求之後，結合我們自身的利益訴求，尋找雙方利益的交集點，才能真正達到最終的溝通目的。

說服對方接受

基於雙方的利益交集點，我們可以採用各種說話技巧來說服對方接受。

受益感溝通模型案例

企業家史玉柱是受益感溝通模型的使用高手。

一九八九年，史玉柱身揣兩萬元來到深圳，試圖一展身手。兩萬元在一九八九年，的確算筆錢，但是要想做點大事，還真的有點難，而且這兩萬元，史玉柱還要花掉一兩千元作為固定支出，剩下的才能當作自由開銷。當時深圳最便宜的電腦是四萬多元，史玉柱很想買一台電腦，可是他的錢不夠，於是他想找老闆談談，想先用電腦後給錢。

史玉柱了解這個老闆為人豪爽，而且很仗義。同時他深知，商人都是追求利益的。於是，他找到老闆說：「我現在沒有錢，你讓我先拿回去使用（**史玉柱的利益點**），等我的軟體賺了錢，我多加五千元的利潤給你（**老闆的利益點**）。」老闆聽了之後馬上同意，很豪爽地將電腦給了史玉柱。

一九八九年七月，史玉柱自主研發了中文軟體和 M-6401 桌面文字處理系統。為了盡快推廣軟體銷路，他決定在《電腦世界》上打廣告，可是他沒有錢，於是他決定用同樣的方式來獲得打廣告的機會。史玉柱跑去北京的《電腦世界》報社廣告部，演示軟體給當時的廣告部主任賀靜華看，並對賀主任說：「我現在沒有錢，但你可以考慮先讓我打廣告（**史玉柱的利益點**），打三期四分之一版廣告，預算是八萬七千七百五十元，我相信軟體能夠賣得出去。給我十五天的時間，我會付款給你。如果逾期未付款，那這些軟體的版權就歸你（報社的利益點，穩賺不賠的買賣）。」賀靜華欣然同意。後來，史玉柱收到了三筆匯款，及時付清了廣告費用。

使用受益感溝通模型的注意事項

在與不熟悉的人溝通時，如果希望他們為我們做事，並將事情做好，那受益感溝通模型將會極大地幫助到我們。在使用這一模型的過程中，需要注意以下事項：

多為對方著想

使用這個模型時，不要過多考慮自己的利益，而是在我們可以接受的情況下，盡量多為對方著想。有句俗語說「捨得、捨得，有捨才有得」，你捨出去了，別人就會回饋更多的東西給你。

讓對方感受到你的誠意

無論是你的行為還是你的表達，都應該讓對方感受到你的誠意。其實，人與人之間來往時，即便是耍一點小聰明，別人也很容易就能感覺到。做大事者，從來都是用誠意去打動別人。

飢餓感：如何讓你的拜訪事半功倍

S是一家企業的老總。他平時經常會接到一些會議的出席邀請，剛開始的時候，他會選擇參加，後來慢慢就不參加了，因爲他覺得這是在浪費時間。後來有一次，一個創業者論壇的會議邀請他出席，他剛開始也不想去，後來不知道爲什麼，又去了。

於是我問他：「你之前說不再參加這些會議，怎麼這次又參加了？」

他說：「這次會議的內容和形式都吸引了我。這次會議的內容和形式，其實我在與會之前都不知道，主辦人只是告訴我有哪些名人去參加，還說會有神祕嘉賓的經驗分享。我對此很有興趣，所以我就放下手邊的工作去參加了。」

我繼續問他：「那你覺得這次會議跟以前有什麼差別嗎？」

他說：「沒什麼差別，參加後發現跟以前的會議差不多。」

其實一樣東西是否能夠吸引別人，很多時候並不在於東西本身，而在於是否能夠讓對方對這樣東西產生渴望感。也就是說，產品的價值有時並不取決於產品本身，而取決於客戶對產品的渴望度。渴望程度越強，時間越長，吸引力就越大。

渴望感其實就是精神上的一種飢餓感。飢餓感是人性中最原始的本能之一，我們每個人都經歷過這種感覺：早上不吃早餐，到了中午就會很渴望去吃東西，這就是生理上的飢餓感。這裡只針對精神上的飢餓感，也就是渴望感。例如雷軍對「飢餓感」的運用就非常棒，他使用「飢餓行銷」，在短時間內把小米打造成中國知名的手機品牌。

飢餓感溝通模型

在溝通過程中，飢餓感是強大的推動力。而飢餓感溝通模型，則可以讓你的溝通與拜訪事半功倍。

接下來，講解一下該如何使用飢餓感溝

圖8-4 飢餓感溝通四維模型

通模型。

確定拜訪需求

在日常工作中，我們經常會去拜訪一些人，這些人或許是客戶，或許是一個素未謀面但對我們會有很大幫助的人。當確定了要去拜訪他們時，首先要清楚自己拜訪的目的，確定拜訪的時間、地點等。

製造神祕感

輕易得到的東西都不會引起別人的興趣。在拜訪對方之前，可以向對方透露部分溝通內容，其他大部分內容，要在當面溝通的時候說，以此來製造神祕感。

激發飢餓感

透過拜訪前不斷與對方溝通（最好是書面溝通），來吸引對方的注意力，引起對方對這次拜訪的興趣，激發飢餓感。

製造懸念

當你拜訪完後，需要為下一次拜訪創造機會，就要製造一些懸念，激發對方對你的持續興趣。

飢餓感溝通模型案例

假如我們要去拜訪一個客戶鄭總。

確定拜訪需求

此次拜訪的目的是向他介紹公司的產品：空氣清淨機。了解到鄭總是一個比較隨和的人，但平時工作特別忙，之前跟他約時間，他也總說沒有時間。經過不懈的努力，終於跟他確定了見面的時間是下週五，距離見面還有一週的時間，地點是鄭總的辦公室。

製造神祕感

跟鄭總確定了時間和地點之後，也許過幾天他就忘記了，同時因為是你有求於他，所以有可能他在跟你見面時，只簡單聊幾分鐘就結束了，那這樣的拜訪效果一定不大好。

為了避免這樣的情況，你必須為這次見面製造神祕感，以提高鄭總對你拜訪的興趣和好奇心。製造神祕感最好的方法是「猶抱琵琶半遮面」，關於討論的內容，你可以跟鄭總說：「我們見面再聊，相信對您未來的生活會有很大的幫助。」這時鄭總可能就會想：「什麼東西會為我未來的生活帶來很大的幫助呢？」他會渴望了解具體內容並期待你的拜訪。

激發飢餓感

當一個人很飽的時候，再好吃的美食對他都沒有誘惑力，所以拜訪前，有必要激發對方的飢餓感。製造神祕感是為了引起對方的好奇心，激發飢餓感則是為了提高對方的行動力。有可能他原計畫只安排十分鐘跟你溝通，但當他對此次拜訪有了飢餓感時，他會改變計畫，安排半個小時跟你溝通。那麼，如何激發飢餓感呢？你可以提前三天，傳個訊息給鄭總：「鄭總，我們週五就要見面了，我非常期待，相信這次拜訪會為您的生活帶來很大的改變，屆時，我將有神祕禮物送給您。」鄭總收到這樣的資訊，他多半會想：這個人不是來跟我推銷的啊，他想幫助我，還會帶禮物送給我。內心會油然而生一種期待。

到了拜訪的前一天，你可以繼續傳訊息給鄭總：「鄭總，明天我們就要見面了，禮物我準備了很久，希望可以給您一個驚喜！」

鄭總一看，可能會心想：明天就要見面了，這個人這麼重視，看來我也要好好準備一下。

製造懸念

製造懸念，是為下一次的拜訪創造機會。要製造懸念，必須要在見面時了解對方更多的興趣愛好。例如在跟鄭總溝通的時候，了解到鄭總週末喜歡打羽毛球，那在拜訪結束之後，可以跟鄭總說：「鄭總，今天跟您見面，收穫良多。平時我也常打羽毛球，下次我們要不要一起打打羽毛球？」

一般來說，如果一個人跟你愉快地溝通之後，發出這樣的邀請，他百分之百會答應。當雙方有了這樣的約定之後，也就有了下一次拜訪對方的機會，只要還有見面的機會，就有成交的可能。

讓拜訪事半功倍的注意事項

要讓拜訪事半功倍，還需要注意以下事項：

選擇恰當時間拜訪

拜訪應選擇適當的時間，最好不要選擇對方剛上班或快下班時，週一也要盡量避免。

注意力要百分之百集中在拜訪上

在與對方交談的過程中，千萬不能恍神，要認真聆聽對方講話，就算此時有來電，也請盡量忽略。

與被訪者意見相左時，不要爭論不休

當與被訪者意見相左時，要學會用迂迴的手段來回覆被訪者。例如被訪者說：我不同意你說的話。你可以說：是的，我知道你不同意，但我覺得我們還可以繼續探討對雙方都有利的方案。

不管怎樣，先認同對方，再往解決問題的方向去說，千萬不要與對方陷入永無止境的爭論中，如果變成那樣，那這次拜訪就是在浪費時間了。

恐懼感：如何讓員工加倍努力工作

朋友N是一家公司的銷售經理，下屬有十五人，大部分都是八年級生。團隊建立之初，戰鬥力非常強，團隊銷售額經常位列公司銷售排行榜第一位。可是這段時間以來，他發現團隊的業績下滑了，團隊部分成員上班開始變得懶散，本來應該當天完成的事情，他們總是拖到第二天，每天下班後早早就離開了公司。朋友N很納悶，公司前段時間才剛提高了業績分紅比例，他們怎麼反而沒了動力？

我問朋友N：「你平時跟你的下屬常溝通嗎？」

朋友N答道：「比較少溝通，因爲做銷售最重要的是靠業績，他們的底薪比較低，有業績，薪資才會高，所以我相信他們會努力工作。」

我說：「是的，對於大部分人來說，爲了得到更多的獎金，他們會拼命工作。但是對於少部分人來說，他們也許對追求高業績沒有太大的野心，他們覺得只要能賺夠生活費就好。」

朋友N問：「那該怎麼辦？」

我說：「你回公司之後，找每位下屬深入談話，告訴他們不努力的後果，給他們緊迫感和壓力，也許這樣會有一定的效果。」

朋友N點頭同意了，回去之後找每位下屬逐一談話。談話後，他的下屬都開始拼命工作，上班不再吊兒郎當。在次月的業績排行榜上，他們團隊又重回第一名。

有兩種動力在推動著人們前進：一種是追求快樂，一種是逃避痛苦。總體而言，逃避痛苦是每個人都會存在的動力之源。在人性中，恐懼感是人們逃避痛苦的直接動力。恐懼被開除，所以拼命工作；恐懼被責罵，所以力求完美；恐懼一事無成，所以有了緊迫感。

能夠用溝通讓員工產生恐懼感，會讓你的管理效果大大增強。當然，這裡的恐懼感不是讓員工害怕工作，也不是害怕你，而是讓他對自己的工作現狀有清晰的認知，並讓他清楚現狀與理想之間的差距，以及沒有達成結果的後果，從而增強他的工作動力，促使他自動自發地拼命工作。

恐懼感溝通模型

如何做到讓員工加倍努力工作？在這裡再介紹一個溝通模型：恐懼感溝通模型。

分析現狀

分析員工的現狀，包括員工的業績情況、工作狀況、職業規劃、內心所希望過的生活等。

描繪遠景

分析了員工的現狀之後，要為員工描繪努力工作後的遠景。

痛苦加強

對比努力工作後的遠景與沒有努力工作的後果，使員工的心理痛苦加強，喚起員工的恐懼感。

鼓勵達成

鼓勵員工相信自己，敢於向自己想要的目標前進，從而改善現狀。

恐懼感溝通模型案例

假如一個員工近來工作狀態不佳，無論

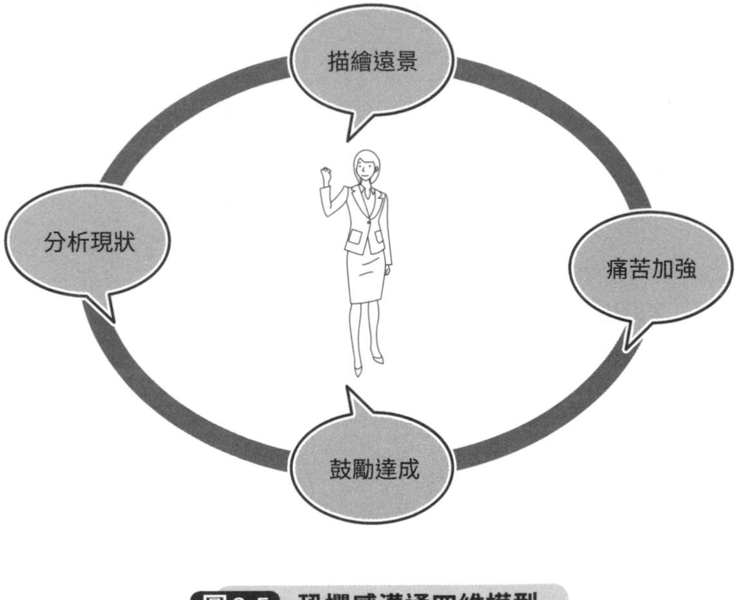

圖8-5 恐懼感溝通四維模型

公司怎麼提高獎勵，他工作的動力都不是很大，作為上司，你可以透過恐懼感溝通模型來激勵他努力工作。

分析現狀

上司：最近是不是工作不在狀態？

員工：是有一點，但我在努力找回工作狀態。

上司：是不是最近遇到了什麼麻煩事，讓你心煩？

員工：還好，就是覺得自己努力了，卻沒有得到想要的，所以最近有點洩氣。

上司：你覺得自己想透過工作得到什麼？

員工：我想升到更高的職位，賺更多的錢。

描繪遠景

上司：好的，我明白了。其實現在公司正處於高速發展中，公司去年的營業額是六億，今年應該可以達到十億。公司規模在不斷擴大，需要大量的優秀人才，所以公司的發展前景是廣闊的。如果你能夠堅持下去，並努力付出，做出業績，公司一定可以提供你想要的職位和薪水。

員工：好的。

痛苦加強

上司：公司發展必須看業績，如果每個員工都沒有業績，那公司就要倒閉了，所以我們作爲員工，必須要拿結果說話。公司的人才發展目標是將公司打造成爲行業精英聚集的地方，所以我們也會淘汰績效差的員工。「能者上，庸者下」，相信每家公司都一樣。你現在還年輕，何必把公司當成混日子的地方？我們要麼不工作，要工作就要做到最好！而且在公司混，只會讓你越混越差，到時就得不償失了！

員工：我明白。

鼓勵達成

上司：當初選擇用你，是相信你有能力，就看你願不願意付出。現在正是公司用人之際，很容易做出業績，你要加把勁，把工作做好。在工作過程中，如果遇到什麼問題，隨時來找我，我會盡我最大的能力幫你解決。

員工：好的，謝謝上司。

以上是我在管理過程中的一次真實案例。經過這次溝通，這個員工的戰鬥力得到了極大的加強，很多工作目標都提前達成了。同時，依照公司制度，我也給了他雙倍的年終獎金。

使用恐懼感溝通模型的注意事項

把握正確的溝通方向

與員工溝通時，要讓員工感受到我們是在真心幫助他成長，這是溝通的基本方向。如果走偏了，以致於讓員工覺得你想批評他，那麼效果就會很差。

把握溝通技巧

在和員工溝通的過程中，最好是採用探討的方式進行，這樣員工才不會有太大的壓力，他也會願意跟你吐露內心最真實的想法。

要有幫助員工成長的計畫

溝通只是開始，要讓員工加倍努力地工作，還要時刻幫助他們成長，所以作為上司，一定要有幫助員工成長的計畫，幫助解決他們解決不了的問題，因為，成長才是員工最大的工作動力。

尊重感：如何搞定難纏的員工

朋友B的公司最近基層員工的離職率很高，達到五十%以上。我問他，爲什麼離職率那麼高？基層員工的離職率一般是在二十%以下。

朋友B說，他做了調查，除了一部分是薪資、個人發展原因之外，八十%是因爲員工覺得在公司得不到尊重。我繼續問，有具體的例子嗎？

朋友B說，主要是基層主管的管理方式太直接，經常用命令式的語氣和員工溝通，員工一犯錯或者不聽話就開罵，很多員工受不了就走了。

對待現在的員工，如果還用以前命令的方式去管理，很難再有效果，因為「尊重感」正在成為一個人越來越看重的工作因素。

某權威機構發布年度最佳雇主調查報告，結果顯示，民眾對「尊重員工」的訴求超越了「薪酬福利」躍居榜首。如今，員工不再把「薪酬福利」作為選擇雇主的最重要標準，而是更期望在工作中發揮自身作用，得到老闆的尊重以及公平公正的對待。

也就是說，除了完善的福利待遇和有競爭力的薪酬，雇主還需更加尊重員工的體驗與感受，讓員工快樂工作、幸福工作。

尊重感是人性中的一種高級需求。如果在跟員工溝通的過程中，對員工不尊重，那很可能無法跟員工達成共識。

尊重感溝通模型

在這裡介紹第五種溝通模型：尊重感溝通模型。當一個人感覺受到尊重的時候，他對其他方面的感知就會降低，所以可以利用這個模型，搞定那些難纏的員工。

了解現狀

跟難纏的員工溝通時，要先了解他們目前的現狀是什麼，了解他們做過的事情，以

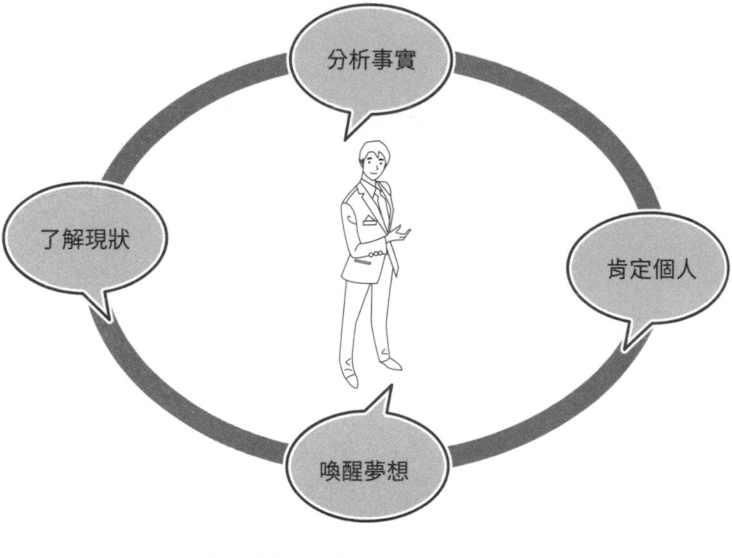

圖8-6 尊重感溝通四維模型

便做好溝通的充分準備。比如，我們要批評一個人，那就要先了解這人犯了什麼錯誤，就事論事。

分析事實

接下來，要跟對方分析他們做過的事情，幫助他們釐清事情發生的來龍去脈。

肯定個人

不管對方犯了多大的錯誤，都要懂得肯定對方的某一方面，這也是尊重感溝通的重要步驟。

喚醒夢想

這個環節主要是為了促成我們想要的結果。每個人都會有自己的夢想，當一個難纏的員工執意要與你對抗時，喚醒他的夢想是最好的辦法。

尊重感溝通模型案例

我以前所在的公司有個做外貿的男生，人很好，就是有一點調皮和難管，常常會跟上司頂嘴。更讓公司不滿意的是，他待了半年，可是一筆訂單都沒有成交。銷售都是靠業績說話的，部門主管想叫他辭職，可是他不肯，於是請我找他談談。

了解現狀

做足了準備工作，我就請他到座談室聊聊。我請他坐下來，跟他寒暄道：「最近工作還好吧？」

「還可以。」

「你來公司也快半年了，這半年的工作你自己滿意嗎？」我問。他沉默了一下，說：「還好吧。找了很多客户，現在也有在談合作的。」他似乎有意迴避訂單的問題。

「嗯，來了半年，還沒有一筆訂單成交過？」我單刀直入。

他點了點頭。

分析事實

「為什麼會這樣呢？」問到這裡的時候，他開始打開話匣子，把沒有訂單的原因都列了出來。

我問他：「你覺得我們公司怎麼樣？」

「還不錯，公司很大，同事也很好……」從他的話裡我聽出他還是想留在公司，或許是公司確實很好，或許是怕出去找不到工作。

「但是公司是以結果存在的。當時公司也跟你簽了績效合約書，明確規定半年之內需要成交訂單。」我把事先準備好的績效合約書遞給他看。

他沉默了一下，「是的。」

肯定個人

「在你剛進來的時候，我覺得你是個很有能力的人，現在我也相信你是很有能力的。平時我跟你接觸，覺得你這個人很不錯。」我想給他臺階下。

他疑惑地看著我，似乎不相信我說的話，或許他沒想到我會讚美他。但他開始慢慢接受我了。

喚醒夢想

「我相信你是個很有夢想的人，可是這半年來沒有訂單，我想你心裡也很著急。這或許是公司產品的原因，但是如果長期沒有訂單的話，我想這對你的事業發展也不好，你覺得對嗎？」

他點了點頭。

「在你剛進來的時候，你說你要在三個月之內就簽下訂單，在半年之內成爲Top Sales，可是現在卻是這種情況，我相信你對自己一定是不滿意的！」我語氣很堅定。

「你沒簽下訂單，可能是因爲你不適合公司的企業文化，或許你找到了適合自己的企業，情況會大有不同。」我說。

「哦……你是叫我離開公司嗎？」

「是。長期待下去對你、對公司都不好，你想想，如果你長期悶在公司，你的事業發展也會受限的。」他沉默了很久，或許我剛才的溝通觸動了他。

終於，他點點頭，「我沒什麼話好說的，那我塡辭職單吧。」

▼▼▼ 跟難纏的員工溝通的注意事項

我們在工作中不可避免會遇到難纏的員工，其實他們也有自己的利益考量，所以要跟他們進行良好溝通，還需要注意以下三點：

保持耐心

難纏的員工往往會考慮很多細節方面的東西，以此來維護自己的利益。這時，要保持足夠的耐心，如果你被他們激怒，想要好好解決問題就不可能了。

態度親和

要以朋友的身分，站在幫助他們的角度去跟他們溝通，一旦站在他們的對立面，就很難跟他們達成一致，所以保持親和的態度非常有必要。

適當強硬

對於一些很過分的員工，我們在有理有據的情況下，也要適當強硬，不能讓他們太恣意妄為。

自豪感：如何讓對方快速接受你

原一平被日本人公認爲推銷之神。原一平三十六歲時，即成爲美國百萬圓桌協會成員，協助設立全日本壽險推銷員協會，並擔任會長至一九六七年。因對日本壽險的卓越貢獻，原一平榮獲日本政府最高殊榮獎。日本近百萬的壽險從業人員，沒有一個人不認識原一平的。他的一生充滿傳奇，從被鄉里公認爲無可救藥的小太保，最後成爲日本保險業連續十五年位列全國業績第一的「推銷之神」。最窮的時候，他連坐公車的錢都沒有，可是最後他終於憑藉自己的毅力，成就了自己的事業。

原一平能夠取得這麼大的成就，跟他與客户的良好溝通有很大的關係。有一次，原一平去拜訪一家商店的老闆。

「先生，您好！」原一平說。

「你是誰呀？」商店老闆疑惑地問。

「我是明治保險公司的原一平，今天我剛到貴地，有幾件事想請教您這位遠近馳名的老闆。」

原一平語氣堅定地說。

「什麼？遠近馳名的老闆？」商店老闆更加疑惑了。

「是啊，根據我調查的結果，大家都說這個問題最好請教您。」原一平自信地說。

「哦，大家都是說我啊！眞不敢當，是什麼問題呢？」商店老闆似乎有點沾沾自喜。

「實不相瞞，是……」原一平準備跟商店老闆說。

「站著談不方便，請進來吧！」商店老闆對眼前的原一平開始感興趣了。原一平就這樣輕而易舉地過了第一關，也取得了準客户的信任和好感。

原一平在平時的推銷過程中，經常用這種方法來打開那些目標客戶的心扉。當人們認為自己是個名人的時候，內心就會有自豪感，他們會把你當成自己的崇拜者，沒有人會拒絕自己的崇拜者。人在進行自我評價時，首先必須選定一個參照物，他們通常會選定某個最親近、具有最大利益相關性的人或社會平均水準作為參照物，當自己的價值特性優於他人的價值特性時，就會產生一種自豪感。兩者的差值越大，自豪感的強度就越大。

自豪感有時會自動觸發，但更多時候，需要別人的刺激才會讓人產生自豪感。如果你能夠做那個觸發別人自豪感的人，那你離走進別人的內心就更近一步了，他會快速接受你。

▼▼▼ 自豪感溝通模型

關於自豪感的觸發，有一個「自豪感溝通模型」。

製造驚喜

給受訪者製造更多意外的驚喜。

尊重身分

以受訪者的身分作為突破口，讓他感受到你對他身分的尊重與認同。

讚美對方

透過讚美對方，讓受訪者對自身的評價上升。

激發優越感

讓受訪者透過與其他人的對比，感受到自我的優越性。

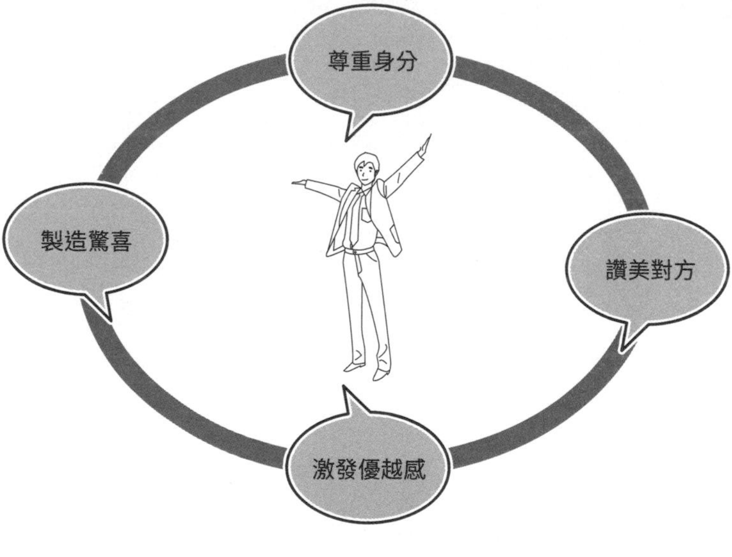

圖8-7 自豪感溝通四維模型

自豪感溝通模型案例

如果你是做業務銷售的，那你應該遭遇過無數冷漠的拒絕。然而，有一些銷售人員卻能夠迅速得到對方的認可和接受。

我有一個朋友，是高檔家具的銷售人員，他跟我分享過，他用這個自豪感溝通模型來搞定過一個「高冷」的客户。這個客户是位四十歲的女性，是公司高階主管，人稱梁總，平時很討厭別人推銷。

製造驚喜

在拜訪梁總之前，朋友已經跟梁總有過多次溝通，但梁總總是表示很忙、沒有時間，所以朋友一直沒機會拜訪對方。終於有一天，朋友公司辦活動，每個銷售人員都有機會邀請一位貴賓到現場，且貴賓可以免費獲得價值一萬元的家具四件組。朋友馬上打電話跟梁總溝通：「梁總，您好！公司現在有個活動，您只需要到場就可以免費獲得價值一萬元的家具四件組！」

尊重身分

「梁總，這個活動目前我這裡只有一個名額，因爲跟您聯繫也有一段時間了，我們公司對您非常重視，所以我們把這個名額留給您！」朋友說道。

梁總一聽，忙說：「謝謝！」

「梁總，您看看什麼時候有空，我親自把活動的邀請函送過去給您。」

「下週一吧，我在辦公室。」

讚美對方

朋友按照約定時間到了梁總的辦公室後，首先簡單寒暄了一下，然後他發現梁總桌子上放著一張她女兒的照片，梁總聊到女兒現在在國外讀書，朋友說了一句：「果然是青出於藍而勝於藍啊，您的女兒以後一定跟您一樣厲害！」梁總一聽，馬上就打開話匣子，跟朋友聊了起來。

激發優越感

朋友最後對梁總說：「梁總，我這裡只有一張邀請函，其實很多客户想找我要，但我都沒給，所以那天您一定不能缺席！」梁總聽了，馬上說：「好，那天我一定到！」活動那天，梁總向朋友公司下了將近二十萬的訂單。

在跟受訪者溝通時，我們一定要學會激發對方的自豪感，因為這樣，他就會記住你，進而快速接受你。

Chapter 9

你不是沒有溝通的天賦，你只是沒有行動力

要點提煉：

① 做內心強大的自己，意味著你敢說，不怕說錯話。這是練好說話的第一步。

② 真正的生活，是讓自己變得強大之後，能夠擁有更多的選擇。在達到這種狀態之前，你首先要讓自己能夠在大家面前發出自己的聲音，建立自己的影響力，所以你需要擁有足夠強大的渴望，讓自己擁有好的口才。

③ 成功者和失敗者的區別不是會不會說，而是有沒有真正去做。很多時候，我們行動的強度，決定了我們人生的高度。

④ 知道自己為什麼而活著，你就可以忍受任何一種生活。當你知道了自己最想要的東西是什麼，你就會擁有無限的能量。

為什麼你那麼努力，卻依然學不好講話

有一年冬天，我在外面做培訓，遇到一個學員。

當時，我做完培訓之後，正準備收拾東西離開，突然有一個學員從後排跑了過來。是個瘦高、皮膚有點黑的小夥子。

其實我對他有印象，因爲我在講課的時候，他會時不時地在本子上記東西，看起來很認眞，但當我有問題要提問的時候，他就低下頭，似乎在逃避我的目光，怕我問到他。

他站在我面前，似乎有點緊張，一句話也沒說出口。我率先打破了尷尬的局面，問他：「有什麼事嗎？」

他終於開口了，說：「劉老師，我知道你以前口才也不是很厲害，但是後來透過自己的努力，達到了現在的水準，我想問你是怎麼做到的？可以教我如何提升說話的水準嗎？」

他一連問了兩個問題，我沒有直接回答他的問題，因爲這兩個問題太廣泛，我反問了他一句：「你自己爲學習口才做過什麼努力嗎？」

他說：「有啊，我買了很多書，也非常認眞地看完了，但是自己的口才好像沒有什麼提升。」

我問他：「那你平時常講話嗎？」

他說自己不怎麼講話，平時的工作是研發，整天對著電腦，很少跟別人交流，而且也都是別人主動來找他講話，他也是別人問一句，他答一句。

我問他：「那你願意跟別人溝通嗎？」他搖了搖頭。

我繼續問他：「那你平時有講話的機會嗎？」他想了一下，點了點頭。

我接著問他：「如果有講話的機會，你會抓住這些機會嗎？」他沉思了一下，搖了搖頭。

此時，我已經知道了他的問題所在，我相信他自己也有了相應的答案。當我們羡慕別人擁有好口才的時候，我們自己卻把心門鎖得死死的，不想和任何人交流；當我們有機會練習講話的時候，卻輸給了自己，怕自己說錯話，怕別人笑話，所以始終也沒有開口；當我們被別人逼著「講兩句吧」的時候，卻發現頭腦一片空白，不知道從何說起；當我們渴望能夠當著眾人的面侃侃而談的時候，最終卻因為種種顧忌而選擇了一言不發……

如此種種，導致我們拙於言語，離「好口才」越來越遠。

其實每個人都可以把說話學好，可是為什麼還有那麼多人沉默寡言、不善言辭？

不是你不夠努力，你很努力了，每天讀著卡內基演講的書籍；也不是你不夠聰明，你很聰明了，可以考上好大學；更不是你天生就不會說話，這個世界上沒有人天生就會說話，林肯小時候口吃，他卻成了美國歷史上最會說話的總統。

我們應該想想，自己如此努力，如此渴望改變，卻依然得不到想要的結果，那麼，到底是什麼導致我們學不好講話呢？

曾經，我也是個沉默寡言者，不喜歡說話，不擅長說話，一開口就得罪人。我立志改變自己。我買了最好的溝通書，仔細研讀，夜以繼日，自己也經常練習，可是當我放下書後，還是發現自己沒能學好說話。因為我內心其實是抗拒和別人交流的，我臉皮薄，很怕丟臉，不想因為說錯話而被別人笑話。漸漸地，我成了一個飽讀溝通書籍卻無法順暢表達的人。

當我一次次地因為不擅長說話，而導致自己失去了人生一次又一次的機會時，我知道自己該徹徹底底地改變了，我想跟過去的自己說再見。

我開始認真思考自己在溝通上的問題。其實我想學好說話的意願是非常強的，之所以無法練好說話，是因為自己的心門還沒打開，臉皮還比較薄，於是我開始有針對性地去克服這些弱項，再結合自己平時學到的一些說話技巧，然後循序漸進地在生活中加以應用和練習。

皇天不負苦心人，在經年累月的摸索和練習中，我逐漸把說話從弱項變成了強項。如今，我每年演講達一百多場，職業生涯規劃面對面諮詢也有一百多人次，真正用說話實現了自己的夢想，也幫助越來越多有夢想的人實現了自己的夢想。

每個人都可以學好說話，只是在練習說話之前，你必須要敢於突破自我。

打開你的心門

練習說話，最重要的就是心門要打開。就像一個房間，如果所有窗戶都關上的話，那麼陽光永遠也照射不進來，屋子永遠都是黑暗的。同樣，如果內心是封閉的，別人就永遠都無法走進我們的內心，那溝通交流就無從談起了。

這讓我不由得想到了刺蝟。刺蝟是這個世界上最會消極保護自己的動物，說它消極，是因為它面對危險時，只會蜷縮起來，一動也不動，它背上的刺就可以保護它。刺蝟是保護了自己，可是也失去了同伴的溫暖，每當同伴想靠近它的時候，就會被它的刺紮到，所以同伴不得不遠離它。

有些人就跟刺蝟一樣，試圖透過與外界隔絕的方式來保護自己，結果最終讓自己與世隔絕。慢慢地，也就不再想和任何人交流，彷彿這個世界與自己無關。事實上，當我們漠視別人的時候，換來的也是別人的漠視，在這種情況下，想練好說話幾乎是不可能的。

做內心強大的自己

言由心生。如果你內心脆弱，說話註定會唯唯諾諾，不敢大聲說話，不敢發表自己的真實想法。所以要練好說話，就需要做內心強大的自己。做內心強大的自己，意味著你敢說，不怕說錯話。這是練好說話的第一步。看看那些能言善道的演員、演講家、培訓師，無一不是內心強大的人。

▼▼▼提高說商

很多人學了不少說話的技巧，可是依然學不好說話。這些人通常會有這樣的經驗：說的話經常會傷到對方；說的話常讓人感到無語；說的話常讓人不知該如何回應……

這些人的說商都很低。什麼叫說商？就是說話商數，主要指一個人在同理心、情緒感受、言語措辭等方面的品質。如果說商很低，卻又不進行針對性的改進，那麼無論怎麼努力，都無法將說話練好。

說商不是天生的，可以透過後天改善。在說話之前，先讓自己慢下來，讓自己想說的話經過腦子，想想這些話說出去之後，會對對方產生什麼樣的影響。其次，要在適合的場合講適合的話，比如在對方不開心的時候，就不要講開心的話題，真正做到情緒上的感同身受。最後，要記住一個原則，就是讓對方心情愉悅。我們說話不是圖自己開心，真正的說話高手都是讓對方開心的。

▼▼▼多實戰

有研究認為，人的能力包括思維、行為、語言等不同類型。無數事實已經證明，人的能力可以透過專門的訓練得到提升。一個成人在學習上的收穫，十％來自課堂，二十％來自分享和討論，七十％來自於親身實踐。所以要練好說話，最有效的方法是透過實踐，不斷從錯誤中得到經驗教訓，從而得到真正的提升。

很多時候，我們都知道許多知識和道理，但是鮮有做到的。成功者和失敗者最大的差別就是做到，只有做到了，才能得到。所以這本書不僅是教大家說話之道，更重要的是提供練習的技巧和公式，讓大家能夠輕鬆運用到實際的工作中，在實戰中切實提升說話能力。

別做那個看上去很努力，卻依然練不好說話的人！

有沒有一樣東西，是你一定要得到的

二〇一六年，我主講過一次關於職業規劃的講座。

講座結束後，一位朋友來跟我說：「劉老師，聽說你以前口才也不好，你是怎麼做到現在的講師的？」

我知道問這個問題的人，多半是自己口才不好，同時也想改善。所以我沒有直接回答他，而是反問了他一句：「是否曾有過一樣東西，是你一定要得到的？」

他沉思了一下，點點頭說：「有啊，我讀大學的時候，我和女朋友是遠距離戀愛。我很愛她，所以每週六我都會坐火車去見她，然後週日回來。因爲我很想維持這段感情，所以把省吃儉用存的錢都用在買火車票上了。我買的火車票可能都有半公尺高了。」他還用手比了比。

我說：「對，因爲你特別想要維護這段感情，所以你做到了每週都去見你的女朋友。同樣地，如果你很想擁有好口才，我相信你會想盡辦法去擁有它。」

「在你的世界裡，有沒有一樣東西是你一定要得到的？」這樣的問題，我在讀大一的時候第一次聽到。當時的我有很多想得到的東西，然而它們都有一個共通性：我沒有一定想要得到它們。

也許你曾經有過這樣的經驗：

你讀書的時候，給自己定下了每天背二十個英文單字的目標，堅持了一個月，你放棄了；

工作之後，你曾經想過每月存兩萬元，可是購物的欲望太強，你覺得不能虧待自己，於是你放棄了；

在生活中，你曾經想過每天早起堅持跑步減肥，可是早起太睏，你覺得何必讓自己難受，於是你放棄了。

所以，直到現在，你依然是以前的你。慢慢地，當別人考上了名校，當別人存夠錢買了房子，當別人堅持鍛鍊、保持了健美的身材，你開始懊惱了，為什麼當初自己沒有堅持下去？

很多時候，是否能得到一樣東西，取決於你有多想要它。

當你追求一樣東西的時候，也許現實會有很多障礙，但是，只要你的目標很清晰，你的意志很堅定，我相信你一定會克服重重困難，不達目標，決不放棄。

當初，我對好口才有著深深的渴望，我曾發誓要得到它。

大學的時候，我在一家大型軟體公司實習，我的工作是企業文化建設，我們要舉辦很多活動，並且邀請全公司的人來參加。對著那麼多人講話，這對我而言是個挑戰。那時的我很放不開，面對大家就會臉紅，腦袋經常一片空白。幾場活動下來，效果並不好，畢竟主辦者如果放不開的話，大家也很難投入。

有一天下午，我正準備去總監的辦公室找她商量一件事情，當我走到門口時，發現門沒有關，透過門縫，我看到我的主管和總監正在聊天。我沒有推門進去，這時我突然聽到他們在談論我。「小劉能力確實不錯，在校的成績也不錯，只是當眾講話不夠有自信。」我聽到了總監對我的評價。「再給他一個月機會試試吧，反正也是實習職位。」主管似乎在幫我求情。總監接著說：「不行，無論是實習還是正職，都要求溝通能力強，否則工作上會有困難。明天跟小劉說一下，叫他先回學校認真念書吧。」站在門外的我，大氣都不敢喘一下，心跳加速，腦袋一片空白。那天回去後，我一夜沒睡。

第二天，主管果然來找我了，她的理由是，公司希望招聘這個職位的全職員工。也許是為了讓我好下台，我很感謝她的善意。

從此，我認識到口才對我事業發展的重要性。我立志要擁有好口才，做到輕鬆開口，自信溝通。我開始尋找很多關於口才的書籍來看，每天還不斷地朗讀來鍛鍊自己的咬字發音，一有機會我就開口講話，參加各種社交活動，提升自信。我還創了一個演講俱樂部，週末的時候，我會舉辦戶外演講活動。此外，我還花錢去參加演講口才培訓，參與的培訓課程數不勝數。

每一段認真走過的路，都不會白走。慢慢地，我從一個內心脆弱的人，變成了內心強大的人；從一個跟異性講話都會臉紅的人，變成了一個談笑自如的人；從一個不敢在多人面前說話的人，變成了能在幾百人面前侃侃而談的人；從一個說話雜亂無章的人，變成了一個說話邏輯性極強的人。

於我而言，過往的經歷，都變成了寶貴的財富。

當你一定要擁有某樣東西的時候，你會激發自己全部的能量去實現它。一個人的能量會讓他充滿力量去克服各種障礙。不知你是否有過這樣的經驗：當你追求一個目標的時候，如果遇到挫折，你很可能就像泄了氣的皮球一樣。此時，如果你想到自己是多麼渴望實現這個目標，你的內心就會生出一股力量，這股力量會促使你瞬間強大起來，讓你勇敢面對任何困難。可見，你有多想要一個東西，往往決定了你是否能夠擁有它。

曾經有一個心理學大師應邀參加一間保險公司的年終表揚大會。這位心理學大師在台上做了一個小實驗。他拿著一隻生的蟬蛹，問：「誰把這隻蟬蛹吃了，我給他五千元。」下面沒有人動。他繼續問：「誰把這隻蟬蛹吃了，我給他一萬元。」下面開始有人蠢蠢欲動了，但還是沒有人衝上去。他繼續問：「誰把這隻蟬蛹吃了，我給他三萬元，並且介紹一個保險客户給他。一言既出，駟馬難追。」他話音剛落，一個中年男子一個箭步沖上去，把他手上的蟬蛹搶了過來，一口生吞了下去。他最後得到了三萬元和一個訂單。

你有沒有想過，你過去的一事無成，也許正是因為你的生命裡，未曾有一樣東西是你一定要得到的，或是特別想得到的？

人生最可怕的是，你一生平庸無為，卻還安於現狀。在過去的生活裡，如果你曾經深受沒有好口才之苦，為什麼還要讓自己繼續忍受這種痛苦呢？學習口才，不僅僅是為了讓自己能夠表達，更重要的是，在學習的過程中，它能改變我們的內心，讓我們變得充盈而有力量，讓我們變得自信、陽光。

真正的生活，是讓自己變得強大之後，能夠擁有更多的選擇。在達到這種狀態之前，你首先要讓自己能夠在大家面前發出自己的聲音，建立自己的影響力，所以你需要擁有足夠強大的渴望，讓自己擁有好的口才。

當你能真正把好口才和你生命中最重要的目標聯繫起來的時候，相信你一定會迸發出強大的執行力。

生活總是充滿苦難、厭倦和壓力，但只要我們內心堅定，世界就會為我們讓路；當我們目標清晰，我們就會一路前行；當我們內心無比渴望，我們就會想盡辦法去達成目標。

知道自己為什麼而活著，你就可以忍受任何一種生活。當你知道了自己最想要的東西是什麼，你就會擁有無限的能量。

問問自己，你內心最渴望的東西是什麼？然後告訴自己一定要得到它，你就會全力以赴。

關於良好的職場溝通，你是否渴望得到它呢？如果渴望，那就用你的實際行動，花點時間去實現吧！

你不是沒有溝通的天賦，你只是沒有行動力

幾年前，我曾經參加過一個聚會。

在那次聚會上，幾個朋友說到了一個很現實的話題，就是賺錢。朋友N對大家說，他有個朋友不知道做了什麼，好像突然就變得有錢起來，一定是做了什麼壞事。我笑而不語，其實我對他說的那個朋友很了解，人家可是一步一步闖出來的，而N自己其實是一個好吃懶做，只會嘴上說說從來不行動的人。

一個不行動的人，通常害怕吃苦，做事情總是挑三揀四，而且總是希望不勞而獲，但這世上哪有白吃的午餐，所以就註定了他們平庸的一生。

真正的強者，永遠都不會相信不勞而獲，他們只會相信透過自己的努力和行動，來取得自己想要的成就。可以說，行動是每一個成功者的共通性。

成功者和失敗者的區別不是會不會說，而是有沒有真正去做。很多時候，我們行動的強度，決定了我們人生的高度。

我們制訂了計畫，卻沒有按時完成，有可能就是被不行動給耽誤了。為什麼明知道不行動會耽誤事情，會讓我們平庸，會讓我們痛苦，可還是不去行動呢？

因為很多人通常都不希望參與到事情的過程中，他們只是想要事情做完之後的結果。打個比方，你的上司告訴你，下班的時候他希望看到你撰寫的報告。不過，撰寫報告太枯燥了，看到那麼多資料你就煩躁，所以你一點都不想寫，你多希望報告已經完成。再比如，我們都知道應該去鍛鍊身體，但鍛鍊身體又苦又累，還要花時間，所以我們會希望自己已經鍛鍊過身體了。

有很多東西在阻礙我們的行動，例如懶惰、恐懼、痛苦等，在這個時候，如果沒有足夠的動力去戰勝這些東西，我們就會很容易放棄。

所以，歸根究柢，你不是不行動，而是根本就沒有動力。

任何人做一件事，都會有一個動力在牽引著他。他不行動，是因為還沒有足夠的動力，當動力足夠的時候，他就會馬上行動，只要這個動力一直存在，他就會一直行動。

成功者們總說，他們是因為有了強勁持久的動力，才實現了自己的目標。可見，一個人之所以沒有取得成功，是因為動力不足，而動力不足，是因為有兩樣事情還不夠多，第一個是痛苦還不夠多，第二個是快樂還不夠多。這兩樣東西，是一個成功者真正的動力來源，是他無往不勝的真正祕訣。

逃離痛苦、追求快樂，是人類兩大基本動力來源，要增強行動力，提高執行力，就要從這兩方面入手。

▼▼▼ 增強你的行動力，獲得你想要的溝通能力

很多人可能都會有這樣的經歷：做某件事的時候，剛開始非常有熱情，但是堅持了一段時間之後，就堅持不下去了。練習口才同樣如此。

在這裡借助兩大基本動力來源原理，告訴大家該如何增強自己的行動力，最終練得好口才。

首先，問問自己：為什麼不採取行動鍛鍊口才？

也許是因為練習口才會讓你感到痛苦。比如，你可能要花很多時間去練習，這是個枯燥的過程，你會感到痛苦。比如，你可能會因為站在眾人面前講話怕丟臉而感到痛苦。這些痛苦，讓你放棄了行動。

其次，問問自己：堅持鍛鍊口才，最大的壞處是什麼？

正如上面所說，堅持鍛鍊的話，會讓你感到痛苦，這是最大的壞處。但其實這些痛苦都是暫時的。**再次問問自己**：不堅持鍛鍊口才會給你帶來什麼好處？

對於很多人來說，不堅持鍛鍊口才帶來的，一定是快樂，因為人都是喜歡舒服的動物，喜歡待在舒適區，不行動意味著我們可以收獲暫時的快樂。

接著，再問問自己：假如長期不鍛鍊口才，會給你帶來什麼壞處？

毫無疑問，會越來越痛苦。因為對很多人來說，不善言辭、不善溝通帶來的痛苦將是一輩子的。**最後，問問自己**：假如長期堅持鍛鍊口才，會給你帶來什麼好處？

我們會因為堅持鍛鍊而提升自己的口才，好口才會給你的事業、生活帶來切實的幫助，從而讓你收獲更多的快樂，且這個快樂是長期的。

相比於那些堅持行動所帶來的短期痛苦，不堅持行動會讓你面臨一輩子的痛苦；相比於那些逃避行動所帶來的短暫快樂，積極行動會讓你收獲一輩子的快樂。

那你還要畏畏縮縮地繼續逃避下去嗎？

▼▼▼如何讓痛苦和快樂化作最強大的動力

太多的人缺乏行動力，那是因為他們無法將痛苦和快樂這兩樣事情想清楚。你是要短暫的痛苦，還是長期的痛苦？是要短暫的快樂，還是長期的快樂？這些關係不搞清楚，你永遠也不會有強大的行動力。

首先，要有一個人生目標。有了目標，才能圍繞這個目標採取行動。比如，我們的目標是取得事業上的成功。

接著，搞清楚短期痛苦和長期痛苦的關係。要取得事業上的成功，良好的溝通能力不可或缺，那麼就需要加強學習，堅持鍛鍊口才，這個過程勢必痛苦，會讓很多人卻步。可是想想，如果不提升溝通能力，就會阻礙你取得事業的成功，你還會在意這些短暫的痛苦嗎？

最後，我們要讓能使我們快樂的東西真正進入腦海中。我們一定要學會把人生目標具體化、清晰化，可以時常想像這一目標實現後的美好遠景，讓它成為指導我們行動的指南。把提升溝通能力和取得事業成功結合在一起，你會發現自己就有了動力去學習這些溝通技巧。

在執行計畫的過程中，要學會用「逃避痛苦」這個動力來激勵自己，比如設定行動計畫的期限、制定懲罰措施等，同時不斷想像計畫完成後的快樂，逃避痛苦和追求快樂並用，讓自己堅持下去，取得成功。

CFV0353

深度溝通力——最紛擾的時代，練就最會說話的自己

作　者—劉仕祥
主　編—林菁菁、林潔欣
編　輯—黃凱怡
企劃主任—葉蘭芳
美術設計—李宜芝

董事長—趙政岷
出版者—時報文化出版企業股份有限公司
108019台北市和平西路三段二四〇號三樓
發行專線／（02）2306-6842
讀者服務專線／0800-231-705，（02）2304-7103
讀者服務傳真／（02）2304-6858
郵撥／1934-4724時報文化出版公司
信箱／10899臺北華江橋郵局第99信箱
時報悅讀網—http://www.readingtimes.com.tw
法律顧問—理律法律事務所 陳長文律師、李念祖律師
印　刷—勁達印刷有限公司
初版一刷—二〇一九年三月一日
初版十二刷—二〇二四年五月十日
定　價—新臺幣三六〇元
（缺頁或破損的書，請寄回更換）

時報文化出版公司成立於一九七五年，
並於一九九九年股票上櫃公開發行，於二〇〇八年脫離中時集團非屬旺中，
以「尊重智慧與創意的文化事業」為信念。

深度溝通力：最紛擾的時代,練就最會說話的自己 / 劉仕祥著. -- 初版. -- 臺北市：時報文化, 2019.02
面；　公分

ISBN 978-957-13-7718-6(平裝)

1.溝通　2.人際關係　3.通俗作品

177.1　　108001889

ISBN 978-957-13-7718-6
Printed in Taiwan